国家社会科学基金
"新疆少数民族城镇居民幸福感与构建和谐新疆研究"
项目号：09BSH047

浙江大学、塔里木大学"非传统安全研究"
讲研基金资助出版

非传统安全与边疆治理丛书
丛书主编　安晓平　谢贵平

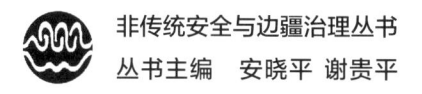

少数民族城镇居民幸福感与构建和谐边疆

张爱萍　著

社会科学文献出版社
SOCIAL SCIENCES ACADEMIC PRESS (CHINA)

《非传统安全与边疆治理丛书》编委会成员

顾　　　　问　余潇枫

主　　　　编　安晓平

执 行 主 编　谢贵平

编 委 会 主 任　王选东

编委会副主任　孙庆桥　于　军　张传辉　张爱萍

编 委 会 成 员　（按姓氏拼音字母顺序排序）
　　　　　　　艾比布拉·阿不都沙拉木　安晓平　程亚文
　　　　　　　刘世哲　马大正　孙庆桥　田卫疆　王选东
　　　　　　　王义桅　魏志江　谢贵平　徐黎丽　于　军
　　　　　　　张爱萍　张传辉

编者语

边疆安全治理是非传统安全研究的重要领域。我国边疆地域辽阔，资源丰富，邻国众多，民族多样，文化多元，问题复杂，战略地位显著，在整个国家安全与发展战略中占有重要地位。特别是在改革开放的深化过程中，"边安"与"安边"将是完善我国安全体制与国家安全战略需要重点考虑的重要内容。

近些年来，我国边疆非传统安全威胁呈现出一些新的特点：一是不同社会领域的非传统安全问题相互叠合；二是不同安全场域中的非传统安全威胁相互交织；三是非传统安全威胁越来越呈现复杂性、变异性与扩散性等特征；四是非传统安全威胁的不对称性越来越凸显；五是非传统安全威胁越来越需要多行为体在认同基础上的共同应对与治理；六是随着我国改革开放的深入与社会转型的深化，各种安全威胁越来越呈现不断增多与扩散的趋势。

边疆地区的安全治理关涉诸多敏感问题，情况极为复杂。在全球化、信息化时代，中国边疆地区传统安全与非传统安全问题相互交织、国内问题与国际问题相互交织、历史问题与现实问题相互交织、民族问题与宗教问题相互交织、敌我矛盾与人民内部矛盾相互交织的境况，使得边疆安全问题日趋严峻，日益严重地威胁着国家、社会与人的安全，乃至对国际安全与人类安全产生影响。因此，加强非传统安全研究，探索边疆治理方略，尤显得必要和紧迫。

边疆安全是国家安全的重要保证，边疆安宁，则国家始可安宁，边疆不安，则国家难以安定。目前，应对边疆非传统安全威胁的难度与复杂性已远超出传统安全的思维与手段，传统的安全理念与体制已难以有效应对种种非传统安全威胁的新挑战。《非传统安全与边疆治理》丛书的主旨是：以国际的视野，重新审视边疆非传统安全威胁的复杂性与特殊性，明确边疆安全治理的现实语境；以科学的态度，全面分析已经显现或尚处潜在的各种安全威胁，探寻边疆安全治理的有效对策；以创新的视角，积极探索非传统安全能力建设之路，努力掌控因非传统安全问题而引发的各类常态危机与非常态危机；以理论的建构，为边疆地区经济社会发展与长治久安、实现不同行为体之间"优态共存、和合共建、共享安全"的现实蓝图，提供具有中国特色的边疆治理方案。

内容提要

本书在深度访谈的基础上，结合奚恺元老师已有的研究成果，编制了《新疆少数民族城镇居民生活满意度问卷》，构建了少数民族城镇居民幸福感的理论分析框架，建立了一个综合指数来反映少数民族城镇居民的幸福感，进而弥补幸福感在少数民族城镇居民研究领域的不足。同时以幸福感为视角，从影响新疆少数民族城镇居民幸福感的主客观因素着手，为建构和谐新疆提供新的视角和依据。

幸福感与生活满意度相关，在生活满意度各维度中，区域经济发展状况和人情味状况是影响新疆少数民族城镇居民幸福感的重要因素。在人口统计学变量中居住隶属地、家庭居住地、政治面貌、受教育程度、家庭人数、收入是影响新疆少数民族城镇居民幸福感的重要因素。本书分析了影响幸福感的客观因素与主观因素，深入探讨了这些因素对新疆少数民族城镇居民幸福感的影响。

新疆少数民族城镇居民幸福感具有鲜明的宗教色彩，安拉在《古兰经》中有言,"信道而且行善者,得享幸福和优美的归宿。"伊斯兰教视野下的幸福有着自身的特点。本书探索了伊斯兰教视野下的幸福,即幸福是今世与后世的统一;幸福是痛苦与快乐的辩证的统一;幸福是物质的享受和精神的追求的统一;幸福是利己与利他的统一;幸福注重因与果的统一。

本书探索了提升新疆少数民族幸福感,从而加快构建新疆和谐社会的路径。幸福是可以习得的,可以通过教育强化幸福认知,挖掘积极心理学在幸福观形成中的潜能作用。发挥先进文化的引领作用,促进宗教与先进文化相适应,营造多元文化和谐和浓厚的民族团结人情味,提升新疆少数民族城镇居民幸福感,确保新疆各民族居民幸福而有尊严的生活,是构建和谐新疆最坚实的基础。

已有研究表明,收入对主观幸福感仅在非常贫穷时有影响,一旦人们的基本需要得到满足,收入的影响就变得很小了。本书发现,经济收入与居民幸福感呈强相关性,社会发展对居民的幸福感提升有着极为重要的影响。这也说明新疆仍然处在贫穷状态,所以加快新疆少数民族地区的经济社会发展至关重要,让新疆的各民族富裕起来,提升居民幸福感,促进和谐新疆的构建。

本书发现就业、教育、医疗等民生问题对新疆少数民族城镇居民幸福感同样有着极为重要的影响,加快新疆民生建设,使社会发展的成果更大程度地惠及百姓,从而加快构建和谐新疆的步伐。

Abstract

Based on a series of extensive interviews and combining with the research of Professor Xi Kaiyuan (Christopher K. Hsee), this book compiles a Life Satisfaction Questionnaire of Xinjiang Minority Urban Dwellers, constructs a framework of theoretical analysis of sense of happiness of Xinjiang and develops a comprehensive index to measure the sense of happiness of Xinjiang minority urban dwellers, aiming at compensating the lack of sense of happiness in the field of the research on minority urban dwellers. At the same time, from a perspective of sense of happiness, this book begins with an analysis of subjective and objective factors on sense of happiness of Xinjiang minority urban dwellers, thus provides a new perspective and a basis for the construction of a harmonious Xinjiang.

The sense of happiness and life satisfaction is closely correlated, and among the dimensions of life satisfaction, regional economic development and condition of human touch are the two important factors affecting the sense of happiness of Xinjiang minority urban dwellers. In the demographic variables, where-the-place-one-livesin-belongs, where-one's-family-lives, political status, educational background, family size and family monthly income are the important factors affecting the sense of happiness of Xinjiang minority urban dwellers. This book analyses the subjective and objective factors affecting people's sense of happiness and explores how these factors affect the sense of happiness of Xinjiang minority urban dwellers.

The sense of happiness of Xinjiang minority urban dwellers is characterized by the distinct religious features. There are Islamic characteristics in the Muslim's sense of happiness that distinguish theirs from that of others. As Allah puts it in Quran, "those who believe and do right: Joy is for them, and bliss (their) journey's end." (13: 29) This book explores the Islamic view of happiness: happiness is the unification of this life and next life; happiness is the dialectical unity of pain and pleasure; happiness is the unity of material pleasure and spiritual pursuit; happiness is the unity of concern for one's own well-being and concern for the that of others; happiness has the unity of cause and effect as its core.

The study explores the routes to improve the sense of happiness of Xinjiang minority urban dwellers and the routes to speed up the construction of harmonious society in Xinjiang. Happiness can be acquired through education, strengthening cognition of happiness and exertion of the potential roles of positive psychology in the formation of the concept of happiness. The advanced culture's leading role, the promotion of religion's adaption to the advanced culture, the integration of multicultures, the unity of all nationalities and the improvement of people's sense of happiness and living a happy life with dignity for people of all nationalities will work together to lay a solid foundation for the building of a harmonious Xinjiang.

The preceding studies have shown that the income, only when it is at a certain minimum level, has influence on one's sense of happiness. While once it meets a person's basic needs, it only plays a very limited role in one's subjective sense of happiness. This book finds that there exists a strong correlation between family income and people's subjective sense of happiness, and the social development has a significant effect on people's sense of happiness. It indicates that Xinjiang is still an underdeveloped region, so it is crucial to speed up economic and social development in ethnic minority areas in Xinjiang, to realize the prosperity of all nationalities in Xinjiang, to improve people's sense of happiness and to promote the building of a harmonious Xinjiang.

This study finds that the employment, education, medical care and other livelihood issues have very significant influence on the sense of happiness of minority urban dwellers of Xinjiang. Thus, to accelerate the building of people's livelihood and to allow people to share the benefit from the fruits of social development to a greater degree will speed up the pace of building a harmonious Xinjiang.

目　　录

第一章　导论 …………………………………………………… 001
　第一节　研究背景 ……………………………………………… 003
　第二节　研究问题和创新点 …………………………………… 006
　第三节　研究意义 ……………………………………………… 008

第二章　研究文献评述 ………………………………………… 010
　第一节　幸福感的概念与内涵 ………………………………… 011
　第二节　幸福感研究的理论 …………………………………… 015
　第三节　伊斯兰教视野下的幸福 ……………………………… 026
　第四节　城镇居民幸福感的相关研究 ………………………… 036

第三章　研究设计及方法 ……………………………………… 053
　第一节　研究思路及假设 ……………………………………… 053
　第二节　研究对象与方法 ……………………………………… 057
　第三节　问卷的修订 …………………………………………… 064

第四章　新疆少数民族城镇居民幸福感现状及

　　　　　影响因素分析 ………………………………… 079

　第一节　新疆少数民族城镇居民幸福感现状………… 079

　第二节　新疆少数民族城镇居民幸福感与生活

　　　　　满意度相关分析 ………………………………… 085

第五章　新疆不同地州少数民族城镇居民幸福感

　　　　　现状及影响因素分析 …………………………… 088

　第一节　昌吉回族自治州少数民族城镇居民

　　　　　幸福感探析 ……………………………………… 088

　第二节　博州、巴州蒙古族城镇居民幸福感探析…… 098

　第三节　伊犁哈萨克自治州少数民族城镇居民

　　　　　幸福感探析 ……………………………………… 112

　第四节　新疆兵团少数民族城镇居民幸福感研究

　　　　　——以第八师为例 ……………………………… 120

　第五节　新疆维吾尔族大学生幸福感研究概述……… 132

第六章　新疆少数民族城镇居民幸福感的

　　　　　影响因素分析 …………………………………… 146

　第一节　新疆少数民族城镇居民幸福感的人口统计学

　　　　　影响因素的差异分析 …………………………… 146

　第二节　新疆少数民族城镇居民幸福感与生活满意度各

　　　　　维度影响因素之间的分析 ……………………… 157

第七章 少数民族城镇居民幸福感视角下
　　　和谐新疆的构建 ……………………………… 162
　第一节　幸福感与和谐社会 ……………………………… 162
　第二节　少数民族幸福感与构建和谐新疆 ……………… 165
　第三节　少数民族幸福感视角下和谐新疆的构建 ……… 169
　第四节　研究创新与贡献 ………………………………… 181
　第五节　研究中的不足与改进 …………………………… 181

参考文献 …………………………………………………… 182

致　谢 ……………………………………………………… 195

Table of Contents

Chapter 1　Introduction / 001
　Section 1　Background / 003
　Section 2　Research Questions and Innovations / 006
　Section 3　Significanse of the Research / 008

Chapter 2　Comment and Depiction of the Research Literature / 010
　Section 1　The Concept and Sense of Happiness / 011
　Section 2　Theories of Studying Sense of Happiness / 015
　Section 3　Islamic View of Happiness / 026
　Section 4　Related Research in the Sense of Happiness of Urban Dwellers / 036

Chapter 3　Research Designs and Methods / 053
　Section 1　Research Ideas and Hypotheses / 053
　Section 2　Subjects and Methods of Study / 057
　Section 3　Revision of the Questionnaire / 064

Chapter 4 An Analysis of the Situation of Sense of Happiness of Xinjiang Minority Urban Dwellers and Influencing Factors / 079

  Section 1 Situation of Sense of Happiness of Xinjiang Minority Urban Dwellers / 079

  Section 2 Related Analyses of the Sense of Happiness and Life Satisfaction of Xinjiang Minority Urban Dwellers / 085

Chapter 5 Analyses of the Influencing Factors in the Sense of Happiness of Xinjiang Minority Urban Dwellers in Different Regions and Prefectures / 088

  Section 1 Analyses of Sense of Happiness of the Minority Urban Dwellers in Changji Hui Autonomous Prefecture / 088

  Section 2 Analysis of the Sense of Happiness of the Minority Urban Dwellers in Bortala Mongolian Autonomous Prefacture and Bayangol Mongolian Autonomous Prefacture / 098

  Section 3 Analysis of the Sense of Happiness of the Minority Urban Dwellers in Yili Kazak Autonomous Prefacture / 112

  Section 4 A Study of the Sense of Minority Urban Dwellers of Xinjiang Bingtuan—Taking the 8th Agricultural Division for Example / 120

  Section 5 A Survey of the Research in the Sense of Happiness of Xinjiang Uighur College Students / 132

Chapter 6　An Analysis of the Influencing Factors in the Sense of Happiness of Xinjiang Minority Urban Dwellers　/ 146

　Section 1　An Analysis of the Demographic Influencing Factors in the Sense of Happiness of Xinjiang Minority Urban Dwellers　/ 146

　Section 2　An Analysis of Influencing Factors of Different Dimentions in the Sense of Happiness and Life Satisfaction of Xinjiang Minority Urban Dwellers　/ 157

Chapter 7　The Building of A Harmonious Xinjiang from the Perspective of the Sense of Happiness of Minority Urban Dwellers　/ 162

　Section 1　Sense of Happiness and A Harmonious Society　/ 162

　Section 2　Sense of Happiness of Minority Urban Dwellers and the Building of A Harmonious Xinjiang　/ 165

　Section 3　The Building of A Harmonious Xinjiang from the Perspective of the Sense of Happiness of Minority Nationalities　/ 169

　Section 4　Innovations and Contributions　/ 181

　Section 5　Insufficiencies and Improvements　/ 181

Reference　/ 182

Acknowledgements　/ 195

第一章
导　论

古往今来，幸福一直是人们追求的理想境界，是一个恒久不变又与时俱进的话题，蕴含着人们的价值渴望和追求。目前，幸福感研究在世界范围的不同学科领域形成了热潮，是国内外学术界高度关注的热点。对居民幸福研究可以体现一个国家的发展观，是与经济可持续发展、落实科学发展观、构建和谐社会紧密相关的。人们对幸福的追求，以及学术界对幸福研究的关注，都与人们对经济迅猛发展和现代化的反思密切相关。

新中国成立以来，我国经济在飞速发展中取得了令人瞩目的成就，与此相伴的是各式各样的社会问题层出不穷，党和国家开始转变执政理念、创新发展方式，坚持以人为本，关注民生。当前，我国正在践行的和谐社会理念，就是把增强人们幸福感、提高人们生活满意度放在了前所未有的重要位置。Erasmus 大学的 Rutt Veenhoven 教授对中国进行的 3 次幸福调查的数据表明，中国 1990 年国民幸福指数为 6.64（标度为 1 ~ 10，10 为最高），1995 年上升到 7.08，但 2001 年却下降到 6.60。而发达国家如美国（1946 ~ 2002 年）的国民幸福指数的平均值为 6.92，特别是 1973 年至 2004 年间，国民幸福指数增加了 0.31，年平均增加 0.01。① 中国社会科学院公布的《2005 年中国居民生活质量调查报告》显示，2005 年我国居民总体生活满意度较 2004 年有所下降，越来越多的居民总体生活满意度为"一般"。这让我们反思一些基本的问题，例如经济增长而人们并不幸福的原因是什么？改革开放以来，哪些群体的幸福程度较高，哪些群体的幸福程度相对较低？对这些问题的回答，有助于丰富幸福感的实证研究，增进人们对社会变迁的理论认识，为相关部门的决策提供依据。

新疆地处中国西北边陲，位于亚欧大陆中部，总面积占全国陆地总面积的六分之一，国内与西藏、甘肃、青海等 3 个省相邻，周边与蒙古、俄罗斯、哈萨克斯坦、吉尔吉斯斯坦、塔吉克斯坦、阿富汗、巴基斯坦、印度等 8 个国家接壤，是我国面积最大、交界邻国最多、陆地边境线最长、民族成分繁多的省区。研究新疆少数民族城镇居民幸福感现状，探析影响新疆少数民族城镇居民主观幸福感的因素及其与构建和谐社会相关的因素，对提升新疆少数民族城镇居民幸福感，促进新疆的稳定与和谐发展有重要的意义。

---

① 程国栋、徐中民、徐进祥：《建立中国国民幸福生活核算体系的构想》[J]，《地理学报》2005 年第 60（6）期，第 883 ~ 893 页。

第一节 研究背景

一 构建和谐新疆赋予少数民族城镇居民幸福感研究新的使命

新疆地处祖国西北边疆，幅员辽阔，资源富集，多民族聚居，并与8个国家接壤，战略地位极为重要，新疆的和谐稳定关系到国家的安全与稳定。随着社会主义和谐新疆的构建，居民生活的幸福水平作为社会发展的进步指标而备受关注，如何在构建和谐新疆的背景条件下，正确引导人们树立和谐社会幸福观成为一个核心命题。特别是新疆"7·5"事件以后，这个问题更加凸显。改革开放以来，随着社会经济的快速发展，城镇化建设的进行，现今新疆大多数城镇居民已不需要再为解决温饱而疲于奔命。研究幸福学的社会学家认为，幸福实质上是人们在自我心里对本身需求满足情况所做出的个体评价。换言之，在人们最基本的生存需要没有得到满足前，物质的增多能在一定程度上提升人们的幸福感，但当人们的基本生存需要得到有效解决以后，物质的增多并不一定会带来幸福的增加。由此可见，随着人们不同阶段、不同需求的变化，仅仅用物质条件最大化来衡量社会进步已过时，随之改变的目标应该是提高居民的幸福感。所谓构建和谐新疆，应当围绕居民对"幸福感"的体验和感受，把居民幸福感作为新疆是否真正进步发展，是否和谐的重要指标。

因而新疆少数民族城镇居民对幸福的认知、体验等感受，对生活的满意状况，与新疆的和谐、稳定与发展息息相关。

（一）少数民族城镇居民幸福感是构建和谐新疆必不可少的重要内容

新疆位于我国西北部，是一个多民族聚集的地区，共有47个民族成分，其中世居民族有维吾尔、汉、哈萨克、回、柯尔克孜、蒙古、塔吉克、锡伯、满、乌孜别克、俄罗斯、达斡尔、塔塔尔13个民族，截至2011年末，新疆总人口2208.71万人，其中少数民族人口约占60%，全区辖有14个地州市，其中包括5个自治州（伊犁哈萨克自治州、巴音郭楞蒙古自治州、昌吉回族自治州、克孜勒苏柯尔克孜自治州、博尔塔拉蒙古自治州）、7个地区、2个地级市；88个县（市），其中包括32个边境县（市）、6个民族自治县、5个县级直辖市；857个乡镇，其中包括42个民族乡。新疆生产建设兵团是自治区的重要组成部分，辖有14个师、175个农牧团场，总人口约257万人。① 其特殊的地理位置、复杂的民族成分、独特的文化背景决定着它的特殊性及复杂性。了解新疆各少数民族城镇居民幸福现状，探究其影响因素，实际是从侧面了解新疆社会发展状况，为政府出台相关政策提供参考，有助于新疆和谐社会建设。

（二）新疆多元文化的交融影响人们对幸福的理解

新疆是一个多民族聚居区，不同民族有着自己独特的民

---

① 新疆维吾尔自治区人民政府：《新疆概况》，http://www.xinjiang.gov.cn/。

族和文化特征，并保持着各自的文化，同时也不断融入其他文化，宗教对少数民族文化起着至关重要的作用，尤其是新疆的伊斯兰教影响着民族和地区的文化。新疆最突出复杂的是其宗教文化背景。国务院新闻办公室2009年9月21日发表的《新疆的发展与进步》白皮书指出，新疆现有10个少数民族的大多数群众信仰伊斯兰教，人口超过1130万，伊斯兰教清真寺由改革开放之初的2000多座发展到现在的约2.43万座，教职人员由3000多人增加到2.8万多人。① 新疆少数民族城镇居民生活在这种浸透着伊斯兰文化的宗教背景下，其思想、行为和价值观受到宗教因素的影响。这是在研究新疆居民幸福感问题时与国内其他省份相比的一个重要特点，具有特殊的宗教文化背景。

（三）新疆相对落后的经济发展状况影响着和谐新疆的建设

少数民族地区，是中国贫困人口的集中地，民族地区与东部地区的发展仍然存在差距。据统计，1985年，新疆城镇居民人均可支配收入与全国城镇居民人均可支配收入分别为735元与739元；2011年，新疆城镇居民人均可支配收入与全国城镇居民人均可支配收入分别为15514元与21809元，差距呈不断扩大趋势。② 区域经济发展的不协调状况由可以为社会所承受的阶段进入社会越来越难以承受的阶段，很容易导致群众普遍的社会不满情绪，对新疆社会稳定产生不利影响，

---

① 《新疆的发展与进步》白皮书，国务院新闻办公室，http://www.yarp.net.cn 2009年10月29日。
② 《新疆城镇居民人均可支配收入与全国比较》，《新疆调查年鉴》，2012年，第7页。

将会影响构建和谐新疆的进程。更多地关注和提升新疆少数民族地区居民主观幸福感，是实现新疆社会发展的最终目标。

二 牧民定居工程是少数民族城镇居民幸福感研究的新背景

新疆游牧民族的定居是事关新疆政治、经济、文化、教育、医疗等多方面内容的复杂的巨大工程。2008 年，新疆牧民定居工程正式被纳入国家发展规划中，新疆政府计划用 10 年时间帮助 76 万名牧民逐步改变逐水草而居、四季游牧的传统生产、生活方式，实现安居乐业。牧民生活方式和畜牧业的变革，实际上关系到每个居民的日常生活。在政府的帮助下，越来越多的牧民选择定居，与之相伴的是比牧区完善的医疗、教育、交通和文化娱乐等条件，随着双语教育的开展，定居牧民们面对的将是一个广阔的世界。针对这一现实背景，牧民在实现定居以后，必然会受到现代文化的影响与冲击，他们的生产生活方式、交往方式、价值观念以及对幸福的追求在定居后发生了哪些变化，受哪些因素的影响，幸福感的现状如何，是笔者研究这一课题的背景依据。

第二节 研究问题和创新点

本课题综合考虑新疆政治、经济、文化、教育、宗教等多个因素，借助中国城市居民主观幸福感量表（Subjective Well-being Scale for Chinese Citizen，SWBS-CC）和自编满意度量表，通过跨学科研究、问卷调查、访谈会晤等方法，研究新疆少数民族城镇居民的幸福感现状及影响因素，并在此基础上探析影响少数民族城镇居民主观幸福感的因素与构建和谐新疆相关的因素，进而分析其对构建和谐新疆的意义和作用，构建一套在少数民族地区具有普遍适用性的幸福感评价指标体系，为提升新疆少数民族城镇居民幸福感、增进各民族间友好关系、各级政府制定政策、构建和谐新疆提供视角。

一 研究问题

问题一：探究新疆少数民族城镇居民幸福感现状及影响因素。

问题二：探究新疆不同地州少数民族城镇居民幸福感现状及影响因素。

问题三：探究维吾尔族大学生这一特殊群体的幸福感现状及影响因素。

问题四：探究少数民族城镇居民幸福感视角下和谐新疆如何构建。

二 创新点

本研究通过梳理幸福感的相关研究，吸收借鉴现有研究成果，结合本课题研究的特殊背景，综合考虑新疆多民族成分、多元文化、社会经济状况等多重因素编制"满意度"量表，借助现有中国城市居民主观幸福感量表（SWBS-CC），考察新疆少数民族城镇居民这一特殊群体的幸福感现状，探析其影响因素，同时结合和谐新疆建设的大背景，从幸福感的视角探析影响和谐新疆构建的因素，丰富了幸福感的理论，并为政府出台和谐新疆建设相关政策提供理论依据。

第三节 研究意义

一 理论意义

目前关于幸福感的研究，大多集中在对什么是幸福感、怎样对幸福感进行理论建构和系统发展、如何通过有效的测量工具深入研究幸福感、采取何种方式提升公民幸福感等方面。本研究将新疆少数民族城镇居民这一特殊群体作为研究对象，是对幸福感研究的有益补充。同时，把研究视点聚焦到时代背景上，开始有意识地从影响少数民族主观幸福感的因素中分析与其构建和谐社会相关的因素，探究居民幸福感与和谐社会的内在联系，更加贴近普通民众的呼声，用新的视角和思路，去思考研究幸福感与构建和谐社会的深层次关系，丰富了幸福感理论，并为建设和谐的社会、提高居民幸福感、完善和谐新疆理论体系提供了有益视角。

二 实践意义

本研究以新疆5个少数民族自治州及新疆生产建设兵团为重点研究区域，以新疆少数民族城镇居民为主要研究对象，探析少数民族城镇居民幸福感现状，分析影响城镇居民幸福感的因素，探究不同族别、地区的居民幸福指数状况，考察少数民族民众主观生活质量的状况和变化趋势，并通过横向、纵向对比来分析影响少数民族主观幸福感的因素中与构建和谐新疆相关的因素；借此诊断少数民族政策选择和社会运行存在的问题，从幸福感的角度出发，为新疆各级政府制定更加有利于构建和谐民族关系、促进民族团结的民族政策和新疆社会各项事业和谐发展提供政策参考。

第二章
研究文献评述

　　幸福是一个充满神秘的千古难题。古今中外，差不多每个思想家都论述过幸福。但是，关于幸福的每个问题，从幸福的定义、结构、类型到规律，却一直没有定论。从哲学看，有关幸福的概念模型与理论框架可以归结为两种基本的类型：快乐论（hedonic）与实现论（eudemonia）。前者认为幸福感由愉快与快乐构成；后者则认为幸福不仅仅是快乐，而是人的潜能实现，是人的本质的实现与显现。

　　幸福是人们生活追求的终极目标，研究者对什么是幸福感的解析、认识和研究也因诸多学科的进步而不断地变化深入。早期通过对幸福感情感成分和认知成分的分析，研究者提出了情绪幸福感和认知幸福感，并最终融合成为以"快乐论"为主导哲学思想的主观幸福感（Subjective Well-being, SWB）；也有研究学者认为主观幸福感过分重视主观的自我评价和感受，将幸福感等同于快乐，忽略了客观指标和专家评价，导致了主观和客观的分离，同时，研究者发现，幸福并非只由快乐这一单一的概念构成，还应包括个体自我实现的幸福，并命名这种包含个体自我实现成分、以"实现论"为主导哲学思想的幸福感为心理幸福感（Psychological Well-being）；随后的研究发现个体的幸福感与社会支持、社会认同、社会实现、社会和谐等因素有关，有研究者就提出了同样是以"实现论"为主导哲学思想的社会幸福感（Social Well-being, SWB）。

温家宝在 2011 年 3 月 5 日向十一届全国人大三次会议做政府工作报告时曾说过："我们所做的一切都是要让人民生活得更加幸福、更有尊严，让社会更加公正、更加和谐。"之后，学者们对幸福感的研究也逐步增多。就目前来看，国内对主观幸福感的研究较多，对心理幸福感和社会幸福感的研究相对较少，作为幸福感的有机组成部分，本章节将从内涵、理论模型、影响因素、存在问题等方面对城镇居民幸福感的相关研究进行梳理，有助于我们了解有关城镇居民幸福感的发展脉络、研究现状及研究过程中存在的问题，为后续研究奠定坚实的基础。

第一节 幸福感的概念与内涵

学者们对幸福感的研究在不断地深入与进步，幸福感的概念和内涵也在不断地发生变化，因此，对幸福感的概念和内涵进行阐释也应该遵循幸福感的发展变化来进行。

一 情绪幸福感

心理学家 Bradburn 和 Caplovitz（1965）在对生活质量的

情感评价的研究基础上提出了情绪幸福感,并将人的情感分为积极情感(positive affect)和消极情感(negative affect)两个维度。Bradburn 以此定义情绪幸福感为"在积极情绪和消极情绪之间找到适当位置的能力"[①]。

二 认知幸福感

认知幸福感是社会学者 Campbell(1976)在对生活质量研究的基础上提出的,Andrews 等将认知幸福感定义为"个人自己构建出一个适合自己的标准,将生活各方面作为一个整体来评价自己的满意程度的指标,即生活满意度"[②]。它主要包括具体生活满意度和总体生活满意度。具体生活满意度是指对个体具有重要影响的生活领域如家庭、学校、环境的满意程度;总体生活满意度是指个体在领域判断上对其生活质量满意的程度。

三 主观幸福感

Diener(1984)在已有研究的基础上整合了情绪幸福感和认知幸福感,并将整合后的结构命名为主观幸福感(Subjective Well-being,SWB),并认为主观幸福感是指评价者根据自定的标准对其生活质量的整体性评价,是衡量个体生活质量的重要综合性心理指标[③]。主观幸福感主要包括情感体

---

① Bradburn N. M., *The Structure of Psychological Well-being* [J], Chicago: Aldine, 1969.
② Andrews F. M., Withey S. B., *Social Indicators of Well-being: American' Perceptions of Life Quality* [M], New York: Plenum, 1976.
③ Diener E. Subjective Well-being [J], *Psychological Bulletin*, 1984, 95 (3): 542-575.

验和生活满意度两个基本内涵。情感体验包括正性情感体验和负性情感体验两个方面,生活满意度包含总体生活满意度和具体生活满意度两个成分[1]。

四 心理幸福感

研究者认为,主观幸福感过分重视主观的自我评价和感受,将幸福感等同于快乐,忽略了客观指标和专家评价,导致了主观和客观的分离。研究者在研究幸福感结构时发现,幸福并非只由快乐这一单一的概念构成,还应包括个体自我实现的幸福,并将这种包含个体自我实现成分的幸福命名为心理幸福感(Psychological Well-being,PWB),并将幸福分为两类:人格展现(personal expressiveness)的幸福,即个人全心全意地投入活动中时,一种意识自己的潜能得以充分发挥,自我得以展开,进而有助于达成自我实现体验、实现自我的愉悦;尽情享乐(hedonic enjoyment)的幸福,即在活动中体验到自己的生活或心理需要得到了满足[2]。在不断地研究中,Ryff 和 Keyes(1995)完善了心理幸福感的概念模型,认为心理幸福感是指人的心理机能的良好状态,是人潜能的充分实现,并确定了心理幸福感的六个内涵:自我接受(Self-Acceptance)、环境掌控(Environment Mastery)、积极人际关系(Positive Relationship with Others)、生活目的

---

[1] 邱林:《主观幸福感及其与大三人格的关系》[D],广州:华南师范大学,2003。
[2] Waterman A. S., Two Conceptions of Happiness: Contrasts of Personal Expressiveness (Eudemonia) and Hedonic Enjoyment [J], *Journal of Personality and Social Psychology*, 1993, 64 (6): 78–91.

（Purpose in Life）、人格成长（Personal Growth）和机能自主（Autonomy）[1]。

五 社会幸福感

人作为社会的人，必然具备社会属性并生活在一定的社会环境中，个体在社会中的实现、是否被社会认同、个体与社会的连接程度如何也势必会影响到个体幸福的感受。因此，Keyes 在前人研究的基础上定义社会幸福感为个体对自己与他人、集体、社会之间的关系质量以及对其生活环境和社会功能的自我评估，并在健康模式的指导下，确定了社会幸福感的五个基本内涵：社会整合、社会认同、社会贡献、社会实现、社会和谐[2][3]。

六 城镇居民幸福感

少数民族城镇居民作为新疆特殊的群体，汉语言水平参差不齐，同时深受维吾尔文化和伊斯兰教的影响。本研究者认同的幸福感概念是在前人研究的基础上整合了主观幸福感和心理幸福感的内涵，包含了主观与客观统一的幸福感概念。

本研究提出，幸福感是指个体依据自己的认知水平和标

---

[1] Ryff C. D., Keyes C L., The Structure of Psychological Well-being Revisited [J], *Journal of Personality and Social Psychology*, 1995, 69: 719 - 727.
[2] Keyes C. L. M., Social well-being [J], *Social Psychology Quarterly*, 1998, 61: 121 - 140.
[3] Keyes C. L. M., Shapiro A D., Social Well-being in the United States: A Descriptive Epidemiology [M], *How Healthy are We? - A National Study of Well-being at Midlife*. Chicago: University of Chicago Press, 2004: 350 - 372.

准，对生活质量的整体评价和潜能发挥的感受，是一种相对持续、稳定、愉悦的心理状态。

在本研究中，"少数民族城镇居民"是指，在新疆特殊的社会与文化环境的影响下，少数民族城镇居民依据自己的认知水平和标准，对生活质量的整体评价和潜能发挥的感受，是少数民族城镇居民在长期生活中形成的一种相对持续、稳定、愉悦的心理状态。

在整个研究过程中，研究者采取以下基本观点来认识幸福感：潜能发挥对于一个个体来说是一个动态的过程，所以幸福感是一个相对持续、稳定的心理状态。少数民族城镇居民的认知水平和标准源于所受教育、所处环境和所受文化的影响；少数民族城镇居民对生活质量的整体评价主要是指维吾尔族大学生对自己婚姻、家庭生活的评价；潜能发挥的感受主要指少数民族城镇居民在社会工作、社会活动等方面的潜能发挥。作为特定的群体，少数民族城镇居民幸福感具有相对持续性和稳定性，是相对稳定、持续的愉悦的心理状态。

第二节 幸福感研究的理论

一 幸福感的哲学基础

从人类起源开始，先哲们就在不断地"探寻"幸福的本质。关于幸福感本质的两种视角，可以归结为两类：快乐论与实现论[①]。快乐论的代表人物有伊壁鸠鲁，实现论的代表主要有亚里士多德。从不同侧面试图理解与解释幸福的本质，两种不同的思想体系，体现在心理学的幸福感研究领域，就表现为主观幸福感与心理幸福感两种不同的形态与研究视角。

(一) 快乐论 (hedonic)

伊壁鸠鲁明确认为[②]："快乐是生活的开始和目的。幸福是我们天生的善，我们的一切取舍都从快乐出发，我们的终极目的仍是得到快乐。"伊壁鸠鲁说[③]："当我们说快乐是终极目标时，并不是指放荡者的快乐或肉体之乐，我们认为快乐就是身体的无痛苦和灵魂的不受干扰"，"理性能使我们思议肉体的终结和消散"，从而使我们解脱对未来的畏惧，理性使我们完备地得到生命所能得到的一切欢乐。他认为快乐与痛苦是一对矛盾，互相依存，又相互转化。他说："当我们缺少快乐和感到痛苦时，就会感到需要快乐。当我们不痛苦时，就不感到需要快乐。因而，我们认为快乐是幸福生活的始点与终点。"因此，不能把快乐与痛苦断然割裂开来。路德维希·费尔巴哈[④] (1840~1872) 认为，一切生物，哪怕是一只幼虫，都有追求幸福的愿望。提出"生命就是幸福""生活的

[①] Diener E. D & Diener R. B., New Direction in Subjective Well-being Research: the Cutting Edge, *Indian Journal of Clinical Psychology*, 2000: 27 (1): 21-33
[②] 周辅成主编《西方伦理学名著选辑》(上卷) [M]，商务印书馆，1987，第103页。
[③] 《苗力田古希腊哲学》[M]，中国人民大学出版社，1989，第94~95页。
[④] 《费尔巴哈著作选读上卷》[M]，第545~546页。

东西都是幸福""快乐与健康就是幸福""道德的原则就是幸福"等原则。"幸福不是别的,只是某一生物的健康正常状态,他们十分强健的或安乐的状态;在这一种状态下,生物能够无阻碍地满足和实际满足它本身所具有的、并关系到它的本质和生存的特殊需求。"杰利米·边沁(1748~1832)是西方功利主义(utilitarianism)创始人,他认为:人是自然的产物,人的本性都是追求快乐,逃避痛苦的,这是大自然赋予人的自然本能。他认为:"自然把人类置于两个至上的主人'苦'与'乐'的统治之下,只有它们两个才能够指出我们应该做些什么,以及决定我们将要如何做。在它们的宝座上紧紧系着的,一边是是与非的标准,一边是因果的链环。凡是我们所言、所行和所思,都受到它们的支配;凡是我们所做的一切设法摆脱它们的努力都足以证明和证实它们的存在而已。一个人在口头上尽可以自命弃绝它们的统治,但事实上他却始终屈从于它。"[①] 快乐论通常都站在经验的角度将自然属性看作人的本性,因此趋乐避苦,趋利避害或者自保、自利、自爱就构成了人的活动的推动力量。当然主张快乐主义并不意味着这些哲学家要人们不顾一切地追求感官欲望的满足。哲学家认为,无论我们赞同还是反对,这些都是自然而然、天经地义因而无可厚非的事实,所以,即使是像伊壁鸠鲁这样的快乐主义者亦强调感官的快乐是暂时的,灵魂的快乐才能持久。只有精神生活的幸福才是高尚的、永久的。

---

① 《西方伦理学名著》(下卷),转引自冯俊科《西方幸福论》[M],吉林人民出版社,1992,第299页。

(二) 实现论

在实现论（Eudaimonic）看来，幸福是客观的，不以自己的主观意志转移的自我完善、自我实现、自我成就，是自我潜能的完美实现。亚里士多德[①]（公元前384~322）就提出幸福是人的目的，幸福是最高的善，是人的一种自身就值得欲求的不缺乏任何东西的、自足的实现活动。他的理论通常被称为幸福论（eudaemonism）或自我实现论（Self-realizationism），由于他强调幸福是人的一种完善自我的活动，因此，他的幸福论又称为"完善论"（Perfectionism）。亚里士多德围绕"幸福是合德性的实现活动"这个中心命题，探索了"至善"和幸福的德性内涵，以及达到"至善"和幸福的条件、途径与方法[②]。亚里士多德的幸福观在于追求以理性为主导的目标，他提出了一个非常著名的观点："至善就是幸福"，并非所有的目的都是终极的，他的幸福论又称为"自我实现论"或"完善论"。亚里士多德指出："人的功能，决不仅是生命。人的特殊功能是根据理性原则而具有理性的生活。"他赞同苏格拉底的名言"未经思考的生活没有价值"。

包尔生[③]说："幸福是指我们存在的完善和生命的完美运动。"我国学者赵汀阳[④]认为："幸福是人生永恒的成就。""所以，幸福取决于生活能力的发挥而不取决于生物要求的满足。"

[①]《亚里士多德政治学》，转引自冯俊科《西方幸福论》[M]，吉林人民出版社，1992，第75页。
[②]《尼各马可伦理学》[M]，商务印书馆，2009，第311页。
[③]《包尔生伦理学体系》[M]，中国社会科学出版社，1986，第7页。
[④]《赵汀阳论可能生活》[M]，生活·读书·新知三联书店，1994，第113页。

实现论从人的发展角度定义与理解幸福，与快乐论是不同的，这种观点在心理幸福感（PWB）学派的概念模型中得到体现。

美国人本心理学家马斯洛①提出了自我实现论。他认为人类具有五种基本需要：生理需要、安全需要、归属与爱的需要、尊重的需要和自我实现的需要。他说，"基本需要的满足会导致各种各样的后果：产生有益的、良好的、健康的、自我实现的效应"。在马斯洛看来，自我实现的需要指的是，"一个人能够成为什么，他就必须成为什么，他必忠实于他自己的本性。它可以归入人对于自我发挥和完成（Self-fulfillment）的欲望，也就是一种使它的潜力得以实现的倾向。这种倾向可以说成是一个人越来越成为独特的那个人，成为他所能够成为的一切"。

二 幸福感的理论模型

通过对幸福感多年的研究，有关幸福感的研究已经形成了几种比较固定的理论模型。

（一）目标理论模型

目标理论认为，幸福感产生于需要是否得到满足和目标是否实现。弗洛伊德认为最大的幸福感来自本能，尤其是性本能的满足②。随着文明的发展，人们放弃本能的快乐而去追求文明的目标，因而幸福感有所降低。而人本主义则注

---

① 马斯洛：《动机与人格》[M]，华夏出版社，1987，第108、53页。
② 车文博：《西方心理学史》[M]，浙江教育出版社，1998，第466～472、556～559、473～476页。

重人的价值，马斯洛提出需求层次论，认为个体在特定的需要满足以后，相应的幸福感就会得到提高，进而追求更高层次的幸福。与弗洛伊德不同，他将人的潜能和价值看成人类最高层次的幸福感。弗洛伊德提到了通向心理健康的两条途径是爱与工作，实际上相当于马斯洛提出的爱与自我实现的需要。

目标是情感系统重要的参照标准，它影响情绪，影响愿望和幸福感。目标的种类、内容，目标的实现与否，都影响着一个人的幸福感。所追求的目标和用以达到目标的策略成功与否，都明显地影响着人们对自己和生活的满意程度，影响着自我认同和接纳。有明确的目标，并且努力去接近、达到目标的人，显示出的快乐超过那些没有目标和达到目标有困难的人。成功的体验会使人更加悦纳自己，相信自己。

(二) 判断理论模型

判断理论认为，幸福感是自身与某种标准相比较而产生的感觉。当自身状况好于所参照的标准时，幸福感就高；反之，幸福感就低。判断理论的关键在于所选的参照标准。社会比较理论即是判断理论中的一种。早期的社会比较理论强调对比的结果，即个人与周围的人比较，如果自己优于别人则感到幸福[1]。幸福的人常向下比较，由于优于别人而获得较高的幸福感，感到不幸的人既做向上也做向下比较，有时处于一种比较矛盾的心理状态中。乐观者倾向于注意比自己差

---

[1] 吴明霞：《30年来西方关于SWB的理论发展》[J]，《心理学动态》2000年第8 (4) 期，第23~28页。

的人的数目，以此评价自己在某一群体中所处的位置；而悲观者则刚好相反。在现代生活中，需求层次更加多样化，可进行比较的信息呈现出多样性，使得社会比较理论的内容日益丰富和复杂化。

个人在进行幸福感评价时所选择的参照标准就是个人的期望目标。若目标实现，则幸福感高，反之幸福感低。这就是期望值理论。但事实上，过高的期望值对个人生活的满意感是不利的。Wilson 提出，高期望值对幸福感是一个重要威胁。在决定幸福感时，期望的内容比期望实现的可能性更重要。在测量被试者对期望目标的信心时，对实现内在期望（个人发展）的可能性估计与幸福感成正相关，而对实现外部期望（物质）的可能性估计与幸福感成负相关[4]。

（三）活动理论模型

活动理论认为：幸福感产生于活动本身而非活动目标的实现。如跑步这项活动过程本身比跑到终点这个结果带给人更多的快乐。Avistole 是最早提出此观点的人之一。他认为快乐来自有价值的活动本身。对这一观点表达得更为充分的是"流滋论"：即当人们投入一项活动中，且活动难度与其能力相匹配时，就会产生一种"幸福流"的感觉。太难的活动使人焦虑，太容易的活动使人厌烦。这种理论与我们今天常说的"幸福在于追求的过程中"的说法非常接近，应该说，这是一种较浅层次的意识①。

---

① 何瑛：《重庆大学生 SWB 状况及其影响因素》，《重庆师范学院学报》（哲学社会科学版）[J]，2000 年第 19 期，第 35~38 页。

（四）人格特质理论

人格特质理论认为，人们具有以积极方式体验生活的性格倾向，即有快乐的素质。快乐的人总是以一种更为积极的方式看待他们所处的环境。幸福就是以快乐方式进行反应的倾向。Andrews 和 Withey 发现，某一领域的满意感与整体生活满意感的产生没有多大关系，前者来源于后者。有关记忆网络的研究表明，人们具有积极或消极的记忆网络，因而会以积极或消极的方式对事件做出反应。有些人的积极网络非常强大，以致他们形成了以快乐方式进行反应的习惯。即使面对没有明显倾向的事件时，这种积极的网络也起作用，使人感到愉快，这就是具有快乐素质的人的特点[1]。

（五）动力平衡理论

由于人格因素只能解释幸福感的一部分变异，而且，并非所有的生活事件都直接影响幸福感，更多的是通过人格起作用，所以单纯的人格理论或生活事件理论存在着不足。

动力平衡理论则试图弥补这一不足。该理论认为：每个人都有一套调整生活事件水平和平衡的幸福感体系，它们都建立在稳定的个人特点之上。任何事件对幸福感都有三种可能的影响：使幸福感提高、降低或保持平衡水平。当生活事件处于平衡水平时，幸福感不变；当生活事件偏离正常水平，如变好或变坏，幸福感就会升高或降低。但这种偏离是暂时的，因为稳定的人格特点具有平衡功能，会使生活事件和幸

---

[1] Andrews F. M., & Withey S. B., *Social Indicators of Well-being：American' Perceptions of Life Quality* [M]，New York：Plenum, 1976.

福的感觉都返回到平衡水平。

但这个理论仍有一定的局限性，还需要进一步考察不同生活事件的变化对幸福感的相应影响，以及人格所起的作用究竟有多大。从以往的理论模型我们可以看出，幸福其实是一个人身心发展的状态，是主观体验和客观能力之间的平衡，它实际上包含了几部分的内容：一是对物质生活的满意和生活中的快乐体验；二是个人的发展与实现。因此我们可以从这两个角度来理解幸福感。

（六）自我决定理论

Ryan、Sheldon、Kasser 和 Deci 提出幸福感的自我决定模型，这个模型认为有三个基础性的心理需要，即自主需要、能力需要、关系需要的满足是形成主观幸福感的关键因素。此模型认为内源性的目标追求（如个人成长、自主、他人的赞美）可以给人们提供很大程度的满足感，而外源性目标追求（如经济成功、生理吸引力及社会声望）不能给人们提供这样的满足感。Kasser 和 Ryan 发现，自我接纳、社会情感、友谊及自我实现与生命活力有重要关联，而与行为问题负相关。

Sheldon 和 Kasser（1998）研究发现：趋向内源性目标的进程与生活满意感正相关，而外源性目标与生活满意感没有相关，当人们以内在价值（如亲密感、归属感、成熟感）而不是以外在价值（如金钱、地位、形象）为导向时能够体会更多的幸福感。Ryan 和其他学者总结这些研究认为：增加人们的幸福感，必须重视个人成长、自主、良好的友谊和社会服务，不断努力追求内源性目标，换句话说，根据自我决定理论，"好的生活"就是个体为其成长、独立、与他人深厚的友谊和社会服务的努力过程[①]。

（七）文化常模和目标调剂理论模型

Markus 和 Kitayama 从文化心理学的角度出发认为，幸福感由自我构建，其真正本质因文化而差异[②]。Markus 和 Kitayama（1994）研究发现，集体主义文化中的人的幸福感总是涉及关系和谐、责任的完成和期望的实现，而个人主义文化中的人的幸福感往往包括自豪和个人目标的达成。因此，他们提出了幸福感文化常模模型的基本假设："合乎规范的行为总被认为是'好的'或'对的'"；个体按照社会规范行事的程度决定着他们的生活满意度。

两种模型都假设不同文化背景为幸福感的差异来源。它们都主张文化对个体主观幸福感具有调节作用，但文化在这个过程中的具体作用是不同的。文化常模模型假设，文化决定行为的适当性，当个体从事遵循文化常模的行为就会产生幸福感[③]。在目标调节模型中，文化影响目标的选择，在对目标的追求和目标的最终实现中产生幸福感。

（八）调节缓和理论模型

Schimmack、Radhkrishnan、Oishi 等人（2002）以两个个人主义取向化的国家（美国和德国）和三个集体主义取向化

---

① 苗元江：《跨文化视野中的主观幸福感》[J]，《广东社会科学》2003 年第 1 期，第 120~124 页。
② 邱林、郑雪、严标宾：《文化常模和目标调节理论：两种幸福文化观》[J]，《心理科学进展》2002 年第 10（3）期，第 209~294 页。
③ 邱林、郑雪、严标宾：《文化常模和目标调节理论：两种幸福文化观》[J]，《心理科学进展》2002 年第 10（3）期，第 209~294 页。

的国家（日本、墨西哥和加纳）为研究对象，探讨了人和文化因素在预测主观幸福感的情感成分和认知成分时的相助作用。在该研究中，Schimmack等人综合了人格、文化与主观幸福感的关系，提出了一种整合模型，称为"调节-缓和模型"（the Mediator-Moderator Model）。该模型认为主观幸福感中的人格（内外倾和神经质）和情感成分显著相关，内外倾和神经质与快乐平衡有密切关系，而这种关系不被文化所缓冲。或者说，主观幸福感的情感成分具有泛文化的遗传基因基础，人格是主观幸福感的泛文化预测目标。

内外倾和神经质是通过快乐平衡调节生活满意度，也就是说，内外倾、神经质对主观幸福感的认知成分（生活满意度）的影响受情感成分的调节。如果个体主要是以情感作为评价生活满意度的依据，那么个体首先要从记忆中搜索过去愉快和不愉快的事情，当个体的愉快记忆超过了消极记忆时，就会报告高水平的生活满意感。在这种情况下，个体人格中的外倾和神经质技能预测主观幸福感的情感成分也能预测主观幸福感的认知成分。如果个体主要是依靠情感以外的其他信息来评价生活满意感，那么外倾和神经质对生活满意感的预测能力就会减弱。即，外倾和神经质对主观幸福感认知成分的影响依赖于情感成分在生活满意度判断中的权重[①]。

文化缓和了主观幸福感两种成分之间的关系，主观幸福感的情感成分和认知成分在个人主义文化中比在集体主义文

---

① 王洪明：《整合的调节—缓冲模型：一种新的主观幸福感理论》[J]，《中国心理卫生杂志》2003年第17（12）期，第817~819页。

化中的相关度高。强调个体需要的个人主义文化极为重视个体的情感需要，情感为个体需要的实现提供直接反馈，也为个体生活满意度提供重要信息。当个体体验到充分的快乐而较少不快时，说明他的需要已得到最大满足，他的生活就是幸福的。强调亲密他人需要的集体主义文化，压抑了个体自己的需要和目标。虽然实现亲密他人需要也会给个体带来快乐，但是这也意味着个体自己的需要不能得到实现，从而导致不快乐的情感。因此，集体主义文化中的个体在评价生活满意感时很少考虑自己的情感。文化也缓和了人格对主观幸福感认知成分的影响，外倾、神经质与主观幸福感的认知成分在个人主义文化中比在集体主义文化中的相关度高。

第三节　伊斯兰教视野下的幸福

伊斯兰教的幸福观不同于佛教，也不同于基督教。佛教主张修来世，认为人生本无幸福可言，有的只是生老病死等各种各样的痛苦，而这些痛苦的根本来源于人的无尽无休的各种欲望。要摆脱痛苦只有降低欲望。佛教强调因果报应，认为善有善报，恶有恶报。在做善事的同时就在憧憬着好事会落在自己的身上，这本身就是一种幸福。而在做恶事时，因担心被人发现或报复而处于焦虑紧张之中。基督教主张修今生，让信主的人得实惠是基督教徒的信奉。认为幸福的人生不在乎你拥有多少，而决定于你的心里有没有感到满足。《圣经》指出，以神为牧者的人生，可以获得真正的满足！一个信靠真神的人，也会有物质不足或身体欠安的时候。然而，在他内心仍因知有神的同在，心灵仍有真满足感。

伊斯兰教主张既修今生也修来世。伊斯兰教认为幸福是人的总体的根本的需要在得到一定程度的满足后所产生的愉悦状态。伊斯兰教的幸福观完全不同于禁欲主义幸福论和快乐主义幸福论，也有别于世俗的德性幸福论。伊斯兰教坚持物质幸福和精神幸福、利己幸福和利他幸福、今世幸福和后世幸福的有机统一，认为单纯的物质享受，狭隘的个体快乐，短暂的今世愉悦，都不是符合人生根本目的的幸福，不是真正的完整的幸福。

一 伊斯兰教幸福的概念

伊斯兰教认为，幸福是人的总体的根本的需要在得到一定程度的满足后所产生的愉悦状态[①]。定义中的"需要"，是人"总体的根本的"需要，而非表面的和某一具体的需要。现代伊斯兰学者赞同马斯洛的需求层次论，认为人的需要是一个复杂的系统，有不同的维度和不同的层次。随着社会的发展，人的需要还在迅速地向广度和深度扩展。与幸福直接联系的需要，是物质和精神上的基本需要，针对的不是人生某一阶段而是整个人生而言。根本需要即关乎人生最终目的的需要。伊斯兰教认为，人生的最终目的是"取悦安拉，代治今世"。追求

---

① 努尔曼·马贤、伊布拉欣：《伊斯兰伦理学》[M]，宗教文化出版社，2005，第402页。

安拉的悦纳，自然需要敬拜安拉、遵行主命；替代安拉治理大地，自然需要行善止恶、保护万物。所以，人最根本的需要，就是信仰正教，弘扬美德。不信仰正道者，心灵没有安宁之时，幸福对于他们是可望而不可即的神话。安拉明确告诫世人："谁遵循我的正道，谁不会迷误，也不会倒霉；谁违背我的教诲，谁必过窘迫的生活。"（20：123～124）[①]

定义中的"满足"，是"一定程度"的满足，即足以维持生命的延续，并能促进个体和社会发展。如果人的所有需要都得到完全的满足才是幸福，那么现实世界就不会有真正的幸福。因为人的需要不断产生，任何人都不可能使自己的需要完全得到满足。在伊斯兰教看来，这种满足也有违人生最终目的——"安拉的确不喜爱过分的人"（55：8）。

定义中的"愉悦状态"，是人们生存和发展的需要总体上得到了满足，特别是人生的根本目的基本实现之后的比较稳定和持久的美好感觉。就幸福的本质而言，是安拉恩赐人类的情感享受，属于精神范畴的现象，具有主观性、整体性和相对稳定性的特点，依赖于评价者本人的标准而非他人的标准，是一种包括积极情感、消极情感和对生活的满意感这三个维度的综合评价，尽管受到当时情绪和情境的影响，从长期看是相对稳定的。

从伊斯兰教幸福观的定义，可以看出：幸福不是实体。假如幸福是财富、地位、美满婚姻、长寿、健康、美貌、事业成

---

① 《古兰经》的引注形式：第二十章［123］～［124］。

功、美食、佳居等某个或几个实体，那么幸福应该比较容易得到，但实际上人们即便获得了这些实体中的一项或多项，却并不感到幸福。当然，人作为被造物，决定了尽管他的欲求可能很多并且不断增加，但公正的安拉不可能满足他所有希望得到的一切，更不可能满足他尚未意识到的众多欲求。所以，如果获得和占有人间所有现实的和潜在的美好实体才可称为幸福，那人世间就没有什么幸福。显然，任何一种实体，它本身并非幸福的实质，只是引发幸福的条件或原因。

二　伊斯兰教视野下的幸福

（一）幸福是今世与后世的统一

伊斯兰教幸福观最鲜明的特色是：既追求今世的幸福，也追求来世的幸福。据《古兰经》，安拉对努哈先知说："努哈啊！你下船吧！从我发出的平安和幸福将要降临你和与你同船的人的部分后裔。"（11：48）先知对伊卜拉欣承诺："在今世，我曾以幸福赏赐他，在后世，他必定居于善人之列。"（16：122）先知穆萨真诚地向安拉祈祷："求你在今世和后世为我们注定幸福。"（7：156）先知曾说："安拉本身就是安宁。如果你们礼拜，跪坐时应念：'一切祝贺归安拉，一切礼赞和美言均归安拉。先知啊！祝你安宁，祝你得到安拉的怜悯和赐福。祝我们安宁，祝安拉所有的廉正的奴仆安宁'，如果这样诵念，每个廉正的奴仆，不管是天上或地上的都能得到吉祥和幸福。"

伊斯兰教虽然肯定今世幸福，倡导穆斯林追求今世幸福，但同时反复强调两个原则：一是追求今世幸福必须有所节制，不能贪得无厌。伊斯兰教所倡导的今世幸福，既不禁欲也不纵欲，而是一种充实的、有条件的、有节制的幸福。这就能使人们既不陷于恣情纵欲的享乐主义泥潭，又不至于因压抑自己的欲望而扭曲人性；二是始终不能忘记后世幸福，今世要为后世幸福做准备。也就是说，对两世幸福不能等量齐观，而应区别轻重。因为"今世的享受比起后世的幸福来是微不足道的"（9：38）。从幸福的永恒性来讲，看重后世幸福，是因为今世幸福是暂时的、微不足道的，而后世的幸福是更好的、更长久的。从两种幸福的联系来讲，今世的"信道"与"行善"是通向后世的桥梁，追求今世的幸福很有必要，也非常重要。在伊斯兰教看来，最亏折、最虐待自己的人便是为了一闪即逝的享乐而抛弃永久幸福的人；最赢利者却是用短暂的欲望换取与天地同宽的乐园的人：乐园中的一切闻所未闻，见所未见。"任何人都不知道已为他们贮藏了什么令人愉悦的恩泽，以报酬他们的行为。"（32：17）这种人，当他选取后世，以信士的身份追求后世的时候，其实并没有失去今世，而是获取了两种生活，兼顾了两世的幸福——这正是信士们向主祈求的生活："主啊！求你赐我们今世的美好生活与后世的美好生活。"中世纪伊斯兰著名学者法拉比指出："人所追求的就是善与全，幸福是最大的善，人一旦达到自身的这个善，他的幸福就全了。"他还认为，人们如果拥有安拉喜悦的各种美德，"就实现了今世生活中的最低幸福和来世生活中的最高幸福"。

（二）幸福是痛苦与快乐的辩证统一

幸福是相对的。康德说过："各人究竟认为什么才是自己的幸福，那都由各人自己所独具的快乐之感和痛苦之感来定，而且甚至在同一主体方面由于他的需要也随着感情变化而参差不齐，因而他的幸福概念也随他的需要而定。"① 人对幸福的感觉受到其所处的环境、生活的经历的不同，以及文化程度、道德修养、自我效能等表现出的差异性的影响。这种差异主要来源于自我认知与文化的差异。

幸福是随幸运与不幸的变化而变化的。"祸兮福所倚，福兮祸所伏"。幸运与不幸不是绝对的，是会相互转换的。《古兰经》说："与艰难相伴的，确是容易，当你的事务完毕时，你应当勤劳，你应当向你的主恳求。"（94：5~8）受到父母宠爱的子女是幸福的，但在溺爱中成长的孩子，走上社会难以独立是不幸的；生在富有之家是幸福的，但不知珍惜财富，养尊处优是不幸的。相反，身处逆境是不幸的，但挫折和困难催人奋发向上，转化为成功，给人带来幸福。幸运与不幸之所以相互转化，是由于安拉早在幸运中造化有不幸的因子，在不幸中造化有幸运的成分。中国古代塞翁失马的故事，是祸福相互转换的典型。也正因为如此，坚信安拉公道的穆斯林应该"在好与歹上都感赞安拉"。痛苦与快乐是相伴的。没有痛苦就没有快乐；没有经历逆境，就无法认识到顺境的可贵，长期享有顺境的人，很难产生幸福感。所以，痛苦使快乐更快乐。疾病使健康变得幸福，贫穷使富有变得幸福。真正的穆斯林，应当坚信无论祸福都是安拉的大能、智慧和定

---

① 温克勒：《论康德：对"幸福论"论理学的批判》[J]，《天津大学学报》（哲学社会科学版）。

然，自有安拉的目的，自有其无穷奥妙。

（三）幸福是物质的享受和精神的追求的统一

伊斯兰教的幸福观不同于禁欲主义幸福论和快乐主义幸福论，也有别于世俗的德性幸福论。伊斯兰教坚持物质幸福和精神幸福的统一，认为单纯的物质享受，狭隘的个体快乐，短暂的今世愉悦，都不是符合人生根本目的的幸福，不是真正的完整的幸福。

伊斯兰教既不排斥物质需求的适当满足，又高度重视精神需求的不断满足。伊斯兰学者普遍认为，物质需求是引发幸福的条件，或者说是幸福得以产生的基础。先知说："贤淑的妻子、优良的住宅、适用的交通工具，是人生幸福之一。"在今世，安拉为人类创造丰硕的五谷、甜美的瓜果，乃至衣食住行用的一切物质条件，就是让人类合理享用，让人类感受满足自己物质欲望时的快乐的。《古兰经》指出，"行善者在今世将享受美好的生活"（16：30）。

谁也无法否认，生命的维持，人格的完整，尊严的存在，潜能的发挥，事业的成就，生活的美好，都需要一定的物质条件为基础。如足够的食物、温暖的衣衫、舒适的住所、良好的教育、称心的配偶、方便的交通等等，都是人的正常生存和发展所不可或缺的，是良好心情的前提。与此相反，长期处于物质条件低下，甚至缺乏维持生命必需的衣食保障的恶劣环境，人无法保持祥和的心境，难以谈论所谓幸福。我们无法谎称那些生活在饥饿、悲惨中的人们是快乐的。贫民窟的环境，的确压抑了人们的幸福。

也正是在这个意义上，在后世，穆斯林期望的天园中更是备有与今世无法比拟的各种物质条件，供造物主所喜悦的人们任意享用。这个幸福园中，"他们有自己所选择的水果，和自己所爱好的鸟肉还有白皙的、美目的妻子，好像藏在蚌壳里的珍珠一样。"（56：20~23）"他们享受无刺的酸枣树，结实累累的（香蕉）树；漫漫的树荫；泛泛的流水；丰富的水果，四时不绝，可以随意摘食；与被升起的床榻。我使她们重新生长，我使她们常为处女，依恋丈夫，彼此同岁；这些都是幸福者所享受的。"（56：28~38）将物质需求与幸福独立起来的禁欲思想，是伊斯兰幸福观不认同的。

没有一定的物质生活条件自然没有真实的完整意义上的幸福，但有了一定的物质生活条件未必就有幸福。伊斯兰教不排斥物质幸福的正当性和合理性，但绝不把这种需求看作幸福的主要因素，更没有将幸福等同于物质需求的满足。既然人的需求包含物质和精神两个方面，那么在满足物质需求的同时，应当追求精神生活，尤其是当具备必要的生活条件之后，更应当重视精神生活的品位。没有什么比精神生活空虚更为痛苦、更为可怜的了。充实的精神生活是人生幸福极为重要的因素。在诸多精神需求中，心灵的安宁举足轻重。《古兰经》说："他们信道，他们的心境因记忆安拉而安静，真的，一切心境因记忆安拉而安静。"（13：28）幸福就在人们纯洁的信仰中。信仰能净化心灵，平衡心理，慰藉人生，带给人平和、宁静的心境，是构成人类幸福的最重要部分，在当今时代尤为珍贵。埃及学者优素福·格尔塔威指出："毫无疑问，宁静的心灵是幸福的第一源泉，然而我们怎样才能获得它呢？聪明才智、科学知识、健康的体魄、强大的力量、富裕、金钱、名誉、高贵的地位以及所有的物质财富都无法获得的幸福，到哪里去寻找呢？我们的答案是：'宁静的心灵只有一个源泉，那就是归信安拉，归信后世，是坚定不移的归信，是毫无举伴，毫无伪信的归信。'"今天许多人的物质生活丰富、舒适，精神追求却未入正道，长期处于烦恼、忧虑、恐惧、紧张和沮丧之中。而有信仰的人，有一颗知足、平和、安静的心灵，顺利时感赞安拉的恩典，困难时对安拉的恩慈充满期待，遭遇困窘寒酸和磨难苦痛不悲观绝望，身处绝境、面对死亡也泰然自若，任何情况下都能做到心情坦然，自然内心经常处于愉悦的状态。

（四）幸福是利己与利他的统一

伊斯兰教的幸福是利己幸福和利他幸福的紧密联系。利己幸福，就是利己目的得到实现的幸福，即一生具有重大意义的需要、欲望、目的得到实现后，内心产生愉悦。利他幸福，就是利他目的得到实现，即通过自己的努力使某人或某些人的需要得到满足、困难得到解决、目的得到实现，从而使他人也感到满足和快乐。一个穆斯林，要忠实地履行"代主治世"的神圣职责，必须重视对社会幸福的追求，善于在实现社会整体幸福的过程中实现个人幸福，必要时或多或少地牺牲个人的幸福。先知有段非常著名的言论："人若不为自己的兄弟渴望他为自己而渴望的东西，就不是真正的穆民。"考虑他人幸福，考虑群体、民族、社会的整体幸福，是伊斯兰伦理中应有之义。

穆斯林的利己幸福主要根源于"信道",利他幸福主要根源于"行善"。利己是基础,合乎规则的利己必然发展为利他;利他又作用于利己,利他的同时也达成了利己。安拉的启示证明了这一点:"同时,他是一个信道而且行善,并以坚忍相勉,以慈悯相助者。这等人是幸福的。"(90:17~18)"信道而且行善"的人,不仅通过自己的善行帮助他人获得了幸福,也因此得到了安拉恩赐于他的幸福。体现了伊斯兰教利己幸福和利他幸福的统一。

(五) 幸福注重因与果的统一

安拉在《古兰经》"信道而且行善者,得享幸福和优美的归宿。"(13:29)"凡行善的男女信士,我誓必要使他们过一种美满的生活,我誓必要以他们所行的最大善功报酬他们。"(16:97)

伊斯兰教认为心灵愉悦的幸福只属于"信道而且行善者",信仰正教并力行伊斯兰道德的穆斯林。正教道德本质上与幸福相关联,二者之间是因与果的关系,正教道德带来幸福,是幸福的原因,幸福则是正教道德的结果。穆斯林对幸福的向往和对正教道德的企盼应该是一致的,追求理想而永恒的幸福必须实践正教的道德。凡是符合伊斯兰伦理原则和道德规范的人生追求,就是幸福人生的追求,凡是背离安拉命禁的言行,无论行为者自身怎样感觉和认识,必然是与幸福之途背道而驰的结局。在《古兰经》中,"行善"和"幸福"的词汇不仅紧密相连,而且安拉反复允诺幸福是行善的优美结局。

先知认为只要实践伊斯兰的道德美行，必然导向两世的幸福。如他提出正确而坚定的信仰的确立，意味着奠定了幸福的基础："一个人归信了伊斯兰，生活便有所依靠，安拉又使他对他所得的给养十分满足。这种人一生最成功，最快乐。"强调真正的幸福来自精神的富足，据艾布·胡莱勒传述，先知穆罕默德说（布哈里、穆斯林圣训集）："大量的财物不代表富有，真正的富有是来自精神上的知足。"他告诫穆斯林，忽视伊斯兰伦理规范，必将遭遇灾难："你们现在是生活在一个幸福的时期，如果你们把应当做的事忽略其中的十分之一，就会导致灾难；如果你们做到了应做的十分之一，你们将会得救。"他指出，具备伊斯兰美德是一个民族幸福的基本条件之一："安拉欲使一个民族幸福，就让明哲者主持他们的事务，并给慷慨者赐予财富，安拉欲使一个民族不幸，就让愚昧无知者统治他们，给吝啬者赐予财富。"诚实是重要的道德规范，"传达实言的和承认实言的，这些人确是敬畏的，在他们的主那里，他们得享受他们欲享受的幸福。那是对行善者的报酬。"（39：33～34）"信道而且行善的人，他们的主将因他们的信仰而引导他们；他们将安居于下临诸河的幸福园中。"（10：9）

第四节 城镇居民幸福感的相关研究

一 幸福感研究的发展阶段

西方幸福感研究大体经历了描述性阶段、理论建构阶段、测量发展三个主要的阶段。

（一）描述性阶段

描述性阶段为第一阶段，该阶段的研究局限在资源分类和人口统计项目上，主要是在直观上对幸福感展开描述，研究者仅将各类人群的幸福感进行了简单的测量、描述，比较了不同人群相应的幸福感水平，并未探讨控制和测量幸福感的问题。因此，研究成果的信度和效度必然会打折扣且存在一定的局限性。

（二）理论建构阶段

理论建构阶段是在对幸福感进行直观描述的基础上再进行理论分析，学者们开始发展运用多项目测验方法研究评估幸福感，研究重点由原来对幸福感简单的测量描述转向研究幸福感形成的心理机制，从不同角度和侧面对幸福感形成的心理机制进行了全面的理论解释，并提出了状态理论、判断理论、人格理论、活动理论、目标理论、动力平衡理论等多种理论模型，深化了幸福感的研究。

（三）测量发展阶段

在前期的调查描述以及理论建构的基础上，幸福感测量得到了长足的发展，建构并应用具有更高信度、效度的多种测量技术与方法，形成了以结构化问卷测量为主体并结合其他评估技术的多样化测量体系。研究方向和重心主要为：当把个体置身于不同的社会事件环境中，个体的差异特质会起到一个什么样的作用；当处于相同的环境时，不同的个体会因为各自的人格特质做出哪些不同反应，也就是从人格、社会以及其他情景之间的交互关系来思考、测量、评估幸福感。建构更为有效完善的幸福感测量指标，已经成为当代幸福感研究的新趋势。

国内的社会学家开始展开对幸福感的研究起源于20世纪80年代，一些学者开始探索符合我国实际的幸福感研究，致力于建构符合我国特色的幸福感研究方法和理论工具。①

二 幸福感的实证研究

（一）我国最幸福的城市

随着社会的进步与发展，人类发展观也在不断改变，由独尊经济发展，到强调综合发展，在进入关注人文发展阶段，而幸福则强调"以人为本"，因此越来越多的国家关注国民幸福感，将国民幸福总值（GNH，Gross National Happiness）纳入国家核算体系，作为考察社会进步的一个重要指标。尤其是进入21世纪，国内外研究者们越来越关注个体的幸福体验所带来的社会效应。

"2005年中国城市论坛北京峰会"首次发布《中国城市生活质量报告》（以下简称《报告》）。《报告》指出影响中国城市生活质量的因素主要有12个方面，即衣、食、住、行、生、老、病、死、安、居、乐、业。② 2007年，《瞭望东方周刊》携手美国芝加哥大学奚恺元教授进行了第一届"中国最具幸福感城市"的评选活动。通过这次评选，成都与杭州、北京、

---

① 陈有真：《学术界关于幸福感研究的述评》[J]，《天府新论》，2010。
② 此段话引自 http://www.wuxinews.com/news/newsfile/hdxx/20050914 - 15547.htm。

上海、青岛、宁波、珠海、沈阳、中山、台州等成为了中国最具幸福感的 10 个城市；而 2008 年杭州、宁波、昆明、天津、唐山、佛山、绍兴、长春、无锡、长沙 10 个城市成为中国最具幸福感的城市；到了 2009 年，杭州、成都、宁波、西安、昆明、长沙、南京、银川、南昌、长春 10 个城市成为中国最具幸福感城市；2010 年，通过评选，杭州、成都、长沙、昆明、南京、长春、重庆、广州、通化、无锡 10 个城市成为中国最具幸福感的城市。"上有天堂，下有苏杭"的杭州由于连续四年在评选活动中位列前茅而获得金奖。2011 年 7 月 30 日上午，在北京国家会议中心召开的"第二届中国上市公司与城市发展投资交流会"上，隆重发布了获得"2011 中国十大最具幸福感城市"。前三甲的城市分别是省会城市广州市、合肥市、南昌市；地级城市前三甲分别是浙江省宁波市、湖北省宜昌市、江西省新余市；县级城市前三甲分别是江苏省海门市、吉林省榆树市、山东省滕州市。据了解，该次评选选取了一个城市的居住环境、医疗水平、教育水平、社会治安、百姓福利、生活成本、交通状况、就业机会、投资环境、贪腐现象、婚姻满意度等 11 项指标。2012 年中国最具幸福感城市前 10 位为青岛、杭州、惠州、成都、长春、南京、哈尔滨、烟台、苏州、重庆。[①] 由上可见，"幸福"正受到越来越多的关注。

（二）世界最幸福的国家

20 世纪 70 年代，不丹国王旺楚克提出"国民幸福总值"，

---

① 中国城市发展网，http://www.chinacity.org.cn/csph/csph/48252.html。

以此作为人民福祉的指针，并开始实施"幸福计划"。他认为国家的发展除了在经济上谋求成长以外，必须同时追求物质上、精神上和情感上等多层面的"最大幸福"，强调政府施政应该关注幸福，并以实现幸福为目标。在不同的时期，政府推出了不同的国民幸福目标，使人生的基本问题在物质生活和精神生活之间保持平衡。这个"幸福指数"包括四项基本内容：环境保护、文化推广、经济发展和良政。这一切规定，都是为了强化人民对国家的认同，传承文化与自然资产，以维护不丹的主权。在这种执政理念的指引下，人均GDP仅为700多美元的不丹，人民却感觉生活非常幸福。[1]"不丹模式"引起了世界的关注。

美国密歇根大学教授罗纳德·英格哈特负责的世界价值研究机构公布的幸福指数的计算在国际上是比较权威的，其结论通过对受访问者调查结果进行处理后得出。2002年，英国首相布莱尔邀请了莱亚德教授给其战略智囊团做"幸福政治"讲座，并且尝试建立一种与GDP数据相似的统计体系，即"国民发展指数"（MDP），其中考虑了社会、环境成本和自然资本。2006年7月12日英国"新经济基金"组织出炉了对全球178个国家及地区的"幸福指数"报告。日本也于同一时期开始兴起幸福指数研究，其采用国民幸福总值（GNC）形式，更强调了文化方面的因素。阿马蒂亚·森（Amartya Sen）提出的人类发展指数已经被联合国的年度发展报告采用。获2002年诺贝尔经

---

[1] 引于博雅旅游网，http://as.bytravel.cn/art/bdg/bdgmxfzszgdgj/。

济学奖的美国丹尼尔·卡尼曼（Daniel Kahneman）教授正与其他经济学家联手致力于"国民幸福总值"的研究，提出应当建立国民快乐账户来取代传统的 GDP。此后，许多专家提出要建立一个完整可靠的测量国民幸福程度的系统——幸福指数。据英国《每日电讯报》2012 年 5 月 4 日报道，联合国在不丹举行幸福指数讨论大会，并发布了首份《全球幸福指数报告》。根据这份报告，丹麦成为全球最幸福的国家，美国仅排在第 11 名，中国排在第 112 名。对于如何衡量一国幸福感，报告有一套非常复杂的标准，这套标准包括 9 个大领域：教育、健康、环境、管理、时间、文化多样性和包容性、社区活力、内心幸福感、生活水平等。该报告指出全球最幸福的 10 个国家分别为：丹麦、芬兰、挪威、荷兰、加拿大、瑞士、瑞典、新西兰、澳大利亚、爱尔兰。全球最不幸福的 10 个国家为：多哥、贝宁、海地、塞拉、利昂、布隆迪、科摩罗、中非共和国、坦桑尼亚、刚果（布）保加利亚。报告还指出：财富并非影响居民幸福感的决定性因素、经济增长也有弊端、全球总体比以前幸福。[①] 研究者们认为，国家有关宏观决策部门应当深入研究影响不同群体幸福指数变动的因素，有针对性地提出提高国民的幸福指数，从而提高全社会主观生活质量的对策与建议。

三 影响幸福感的客观因素的相关研究

关于影响居民幸福的因素，不同的学者提出了影响幸福

---

① 联合国公布幸福指数报告，百度文库，http://www.wenku.baidu.com/view/d8901a4afe473368e21aa90.html。

感的许多因素：人口因素中的年龄、性别、婚姻状况和受教育程度；经济因素中的收入、就业状况、公共物品和通货膨胀；社会因素中的社会比较、心理预期、社会价值观的稳定程度和信任感等，环境质量作为具有外部性的公共物品之一也被认为与幸福感有关。而幸福感作为一种心理主观评价，又容易受到所在地文化传统、价值观念的影响，因而在城乡之间和地区之间也存在许多差异。

（一）遗传因素

目前国内关于遗传因素对幸福感的研究几乎没有，而国外这方面的研究也主要是通过对双生子的研究来证实遗传因素影响的存在。明尼苏达大学 Tellegen 等[1]的著名双生子研究发现：在不同家庭环境中抚养长大的同卵双生子，其主观幸福感水平的接近程度，比在同一个家庭中抚养长大的异卵双生子要高得多。也有学者认为遗传因素虽然影响幸福感的各个方面，但气质的差异导致个人体验幸福感的水平不同。另一方面，个人所体验到的幸福感是随着时间和情境而变化的。从上面国外学者的研究，我们确实可以看到幸福感与遗传有一定关系，但在个人发展过程中，遗传与环境因素是相互作用的，同时对幸福感水平产生影响，而外界环境中的各因素又通过个性影响幸福感。

（二）文化因素

对文化与幸福感关系的考察是诸多跨文化研究者感兴趣

---

[1] Tellegen A., Lykken D. T., Bouchand T. J. *et al.*, Personality Similarity in Twin Reared Apart and Together [J], *Journal of Personality and Social Psychology*, 1988, 54 (6): 1031 – 1039.

的问题。目前，对文化最重要也是最广泛的一种观点是把它分为个体主义与集体主义。文化是影响幸福感的重要因素已被许多研究证实[1]。研究者认为，在不同文化中的个体在诸如生活满意度、情感体验、社会取向、价值观、判断准则等方面存在差异[2]。许淑莲等[3]运用 Ruff 心理幸福感量表研究表明与美国人相比，中国人的生活目的、自我接受水平低。但是严标宾等[4]的研究却发现中国大陆、中国香港和美国三地区大学生的总体差异不显著。

此外也有学者否定了文化影响的首要性，认为在特定的文化情景下，个体如何对待这种文化才是影响幸福感的重要因素。Markus[5][6]等的文化常模理论假设认为当个体遵从文化常模而行为时，就会产生幸福感。Oishi[7] 等把目标与文化背景结合起来考虑，认为当个体朝自己的目标努力时，就会感到

---

[1] Butler A. C., Hokanson J. E., Flynn HA., "A Comparison of Self-esteem Liability and Low Trait Self-esteem as Vulnerability Factors for Depression", *Journal of Personality and Social Psychology*, 1994, 66: 166 – 77.

[2] Kennon M. Sheldon, Tim kasser., Goals, Congruence, and Positive Well-being, "New Empirical Support or Humanistic Theories", *The Journal of Humanistic Psychology*. Beverly Hills, 2001: 1 – 16.

[3] 许淑莲：《成年人心理幸福感的年龄差异研究》[J]，《中国心理卫生杂》2003 年第 17 (3) 期，第 167 ~ 171 页。

[4] 严标宾、郑雪、邱林：《中国大陆、香港和美国大学生主观幸福感比较》[J]，《心理学探新》2003 年第 23 (2) 期，第 59 ~ 62 页。

[5] Marks, H. R. Kitayama, S. Heiman., Emotion and Culture: Empirical Studies of Mutual Infuence [R], Washington, DC: American Psychological Association, 1998: 89 – 130. Marks, H. R. Kitayama, S. Heiman., Culture and Basic Psychological Principles [M], *Handbook of Basic Principles*. New York: Guiford, 1996: 857 – 913.

[6] Marks, H. R. Kitaayama, S. Heiman., Culture and Basic Psychological Principles [M], *Handbook of Basic Principles*. New York: Guiford, 1996: 857 – 913.

[7] Oishi S., Diener E., Lucas RE, SUHE., Cross-cultural Variations in Predictors of Life Satisfaction: Perspectives from Needs and Values [R], Pers. Social Psychol, 1999: 98 – 90.

幸福。

对于幸福感产生文化差异的原因，Diener 和 Lucas[①] 认为可以从国家财富和个人收入、自我服务—自我批评、自我一致性—多变性等方面来解释 SWB 的文化差异，Veenhoven[②] 的研究证明了在贫困国家，收入的增加更能满足人的生理需要和心理需要；在富裕国家，收入的增加只能刺激人们的奢侈消费与挥霍。

从上面有关学者对影响幸福感文化因素的研究，可以看出研究者主要侧重于比较不同文化之间影响幸福感的因素差异，有的学者也试图对产生这种差异的原因作出解释。但是，他们大多数只考虑单纯的文化因素，未能把文化因素与该国家、地区的经济基础结合起来研究。

（三）家庭环境因素

对青少年的研究发现家庭的稳定、成员间的相互关怀、没有明显的家庭矛盾是青少年总体满意度的预测因素，反之则成为他们产生不幸福感觉的预测因素[③]。家庭气氛对幸福感的影响是从属于婚姻质量的，对大多数人来说，婚姻关系是最重要的人际关系，也是影响幸福感的一项因素。但总的来说，在家庭环境因素对幸福感的影响中，学者更多关注的是

---

① Diener E., Lucas R., Explaining Differences in Social Levels of Happiness: Relative Standards Need Fulfillment, Culture, and Evaluation Theory [J], *Journal of Happiness Studies*, 2000, 1: 41 – 78.
② Veenhoven. Is Happiness Relative [J], *Social Indictor Research*, 1991, 24: 1 – 34.
③ Veenhoven. Is Happiness Relative [J], *Social Indictor Research*, 1991, 24: 1 – 34.

学生群体的状况。胡洁等[1]对大学生总体幸福感和父母教养方式的关系进行了初步探讨，他们的研究表明大学生总体幸福感与父母教养方式中父母亲的情感温暖、理解因子呈高度正相关，与父母亲的过度干涉、过度保护、惩罚、严厉、偏爱被试、母亲的拒绝等因子均有显著负相关，与王欣等人的研究结果相吻合。余小芳等[2]的研究结果还显示如果家庭气氛民主、愉快，并且成员间相互关心，关系密切，那么学生的幸福感就强。进一步的回归分析表明家庭亲密度、自律性、恃强性和紧张性具有普遍的预测能力，说明家庭成员间情感联系的亲密程度、个性的独立积极性、言行一致性和紧张程度这4个因子能预测学生的SWB的高低。郑立新[3]在对小学生幸福感影响因素的研究中也考察了父母教养方式对儿童幸福感的影响，研究表明父母教养方式对子女的幸福感有较大的影响。王极盛等[4]进一步的研究结果显示，父母亲多理解、关心孩子，孩子体验到的正性情感就较多，对生活各方面的满意感就强，总体幸福感就高。相反，父亲和母亲对孩子放任不管或管教过于严厉，孩子体验到的幸福感则较少。

由以上研究不难看出，父母的教养方式如母亲的理解型、父亲的理解型、父亲的放任型和父亲的严惩型教养方式与子

---

[1] 胡洁、姬天舒、冯凤莲：《父母教养方式与大学生总体幸福感的相关研究》[J]，《健康心理学》2002年第10（1）期，第16~17页。
[2] 余小芳、雷良忻：《民办高校学生主观幸福感与人格、家庭功能关系研究》[J]，《中国学校卫生》2004年第25（3）期，第269~270页。
[3] 郑立新、陶广放：《儿童生活满意度影响因素的研究》[J]，《中国临床心理学杂志》2001年第9（2）期，第105~107页。
[4] 王极盛、丁新华：《初中生主观幸福感与应对方式的关系研究》[J]，《中国临床心理学杂志》，2003年第11（2）期，第96~98页。

女的幸福感具有较强的相关关系。同时，我们也可以看出现如今有关学者在家庭环境因素对幸福感的影响更多关注学生群体，对于诸如妇女、老人等特殊群体的研究较少。

（四）生活事件因素

生活事件是指人们在社会生活过程中经历的各种紧张性刺激。在动力平衡理论[①]看来，每个人都有一套平衡的生活事件水平和幸福感水平。当生活事件水平处于平衡时，幸福感不变，一旦生活事件水平偏离正常，幸福感也会随之升高或降低。目前，人们对"生活事件是否会影响幸福感"还没有完全一致的看法。有学者研究认为[②]，各种生活事件（正性生活事件、负性生活事件）都没有对大学生幸福感产生明显的影响。也有学者对初中生的生活事件与幸福感的关系研究发现，不喜欢上学和与老师关系紧张对初中生幸福感具有较好的预测作用。国外学者 Heady 等认为生活事件对幸福感的影响应该因研究对象及其研究背景的不同而异，重要的生活事件会对幸福感产生影响，这对大学生、高中生、初中生的生活事件与幸福感的关系研究得到不一致的结论作了解释。不同的结论，国内学者并没有对产生差异的原因作进一步的解释。

虽然上面的很多学者大多证明了生活事件对 SWB 有影响，但近 30 年来的研究进展均表明：生活事件对幸福感的影

[①] 刘仁刚、龚耀先：《老年人主观幸福感及其影响因素的研究》[J]，《中国临床心理学杂志》2000 年第 8（2）期，第 73~78 页。

[②] 严标宾、郑雪、邱林：《广州大学生主观幸福感研究》[J]，《心理学探新》2001 年第 21（4）期，第 46~50 页。

响是较小的。因为现代幸福感理论的中心概论是适应，即人们对重复出现的刺激反应减弱，并逐渐重新建构新的平衡系统，使人的情绪系统对新的生活事件反应随着时间的推移，逐渐减弱[1]。

（五）经济因素

经济情况对幸福感的影响目前没有定论性的答案。Ryff[2]等的研究认为收入与幸福感成正相关，因为较高的收入会带来更多的物质享受，更高的权力与地位等。Diener等对财富和幸福感的早期研究[3]也发现，富裕国家的人民比贫穷国家的人民更感到幸福，在同一国家，富裕的人比贫穷的人更感到幸福。我国学者对农村高龄老人的研究也发现，经济状况对他们的幸福感影响力最大[4]。

另有研究表明收入仅在非常贫穷时有影响，正如马斯洛的需要层次理论一样，一旦人们的基本需要得到满足，人们就开始追求更高层次的需求，而经济方面的影响就很小了。董灿华等[5]的研究证明：家庭收入低于平均水平的大学生其幸福感水平与家庭水平相当和高于平均水平的学生的差异有显著性，而家庭经济水平相当于平均水平与高于平均水平的学

---

[1] Veenhoven., Is Happiness Relative [J], *Social Indictor Research*, 1991, 24: 1-34.
[2] Ryff C. D., Singer B., Interpersonal Flourishing: A Positive Health Agenda for the New Millennium [J], *Journal of Personality and Social Psychology*, 2000, (4): 719-767.
[3] Ryff C. D., Singer B., Interpersonal Flourishing: A Positive Health Agenda for the New Millennium [J], *Journal of Personality and Social Psychology*, 2000, (4): 719-767.
[4] 梁渊：《农村高龄老人主观幸福感及其影响因素研究》[J]，《中国老年学杂志》2004年第24（2）期，第97~98页。
[5] 董灿华、沈雪芬：《浙江师范大学学生主观幸福感及其影响因素》[J]，《中国学校卫生》2005年第26（7）期，第581页。

生之间的差异无显著性。也有学者认为对于大学生来说，家庭的经济收入只能表明父母的各种能力，而不能提升各种自我需要实现，甚至这种优越的经济条件会对他们日后的发展产生一定的压力，从而引发他们的一些紧张、焦虑等负性情绪，可见高家庭经济收入的学生并不会比低家庭经济收入的学生有更多的幸福感的体验[1]。

由此可见，经济因素与其他因素是紧密相关的，在研究经济因素对主观幸福的影响时，必须把研究对象的文化背景纳入综合考虑的范畴，这样才能得到更合理、更科学的解释。

（六）社会支持因素

许多学者认为，具有良好的社会支持的个体会有比较高的幸福感、比较高的生活满意度、较多的积极情感和较少的消极情感。因为社会支持可以提供物质或信息的帮助，增加人们的喜悦感、归属感，提高自尊、自信心，当人们面临应激生活事件时，还可以阻止或缓解应激反应，安定神经内分泌系统，增加健康的行为模式，从而增加正性情感并抑制负性情感，防止降低幸福感。诸多研究都表明社会支持会对幸福感产生影响，但在预测幸福感时，不同来源的社会支持有着不同程度的影响。对于大学生来说，异性朋友的支持对幸福感的影响最大，其次为老师的支持和母亲的支持[2]；梁渊等[3]的研究进一步表明，客

---

[1] 张雯、郑日昌：《大学生主观幸福感及影响因素》[J]，《中国心理卫生杂志》2004年第18（1）期，第61~62页。

[2] 吴丹伟、刘红艳：《大学生的主观幸福感与社会支持的相关研究》[J]，《河北科技大学学报》（社会科学版）2005年第5（3）期，第94~96页。

[3] 《农村高龄老人主观幸福感及影响因素研究》[J]，《中国老年学杂志》2004年第24（2）期，第97~98页。

观支持通过主观支持对幸福感产生了比较大的间接影响。这些结论都间接地支持了缓冲器理论。根据缓冲器理论，不同来源的社会支持能缓解个体不同交往过程中的压力和不满对幸福感造成的伤害，从而间接地提高其幸福感水平。

四 影响幸福感的主观因素的相关研究

(一) 人格特质因素

从上到下的人格理论[1]认为，人们具有以积极的方式体验生活的性格倾向，有快乐的素质。综观国内外对幸福感相关因素的研究，人格被认为是最重要的影响因素。动力平衡模型的倡导者 Headey 和 Wearing 提出人们情感上愉悦与否主要是由人格决定的。Diener 等认为人格因素是幸福感最可靠、最有力的预测指标之一。Costa 等[2]也认为幸福感主要依赖人格特质，不同的人格特质会导致不同的积极情感、消极情感及生活满意度。Deneve 等[3]发现宜人性与幸福感成正相关。Ryff 和他同事的相关研究发现[4]，外倾、责任感和低神经过敏症与幸福的自我接受、控制性和生活目标相联系，开放性与个人成长相联系，宜人性、外倾与积极的人际关系相关联，低神经过敏症与自主也有相关。国内有关学者对在校生的研

---

[1] 吴明霞:《30 年来西方关于 SWB 的理论发展》[J],《心理学动态》2000 年第 8 (4) 期,第 23~28 页。
[2] McCrae R. R., Costa P. T., Adding Liebe and Arbeit: The Full Five Factor Model and Well-being [J], *Personality and Social Psychology Bulletin*, 1991, 17 (2): 227-232.
[3] Deneve, K. M. and Cooper., The Happy Personality: A Meta Analysis of Personality Traits and Subjective Well-being [J], *Psychological Bulletin*, 1998, 124: 197-229.
[4] Ryff C. D., Singer B., Interpersonal Flourishing: A Positive Health Agenda for the New Millennium [J], *Journal of Personality and Social psychology*, 2000, (4): 719-767.

究与国外结论基本一致；有关大学生幸福感的研究也表明，幸福感与外倾正相关，与神经质负相关[①]；对军校研究生幸福感和人格特质的关系的研究结果显示，正性情感与外向性、神经质相关显著，愈是外向、情绪稳定的个体体验到的正性情感较多，负性情感与神经质和精神质显著相关，即情绪稳定的低精神质的个体体验到的负性情感较少，生活满意度则与神经质、内外向和精神质均有一定程度的显著相关。

国内外学者的研究一致认为外向学生与内向学生的幸福感得分差异显著，且外倾人格与幸福感之间有较高的正相关，外向者对正性情感敏感，非神经质及稳定的个体对负性情感不敏感[②]，因而这两类人的幸福感较高。但是，人格的维度有多种标准，学者在研究人格对幸福感的影响时可以使用多种量表进行研究。近年来许多这方面的研究表明，不论是用英语词汇还是用中文词汇，不论是让被试者对自己还是对他人描述，不论采用什么因素抽取和旋转法，结果都是得到了 5 个主要因素。因此，使用"大五"人格问卷来调查人格与幸福感的关系显得更具有说服力。

（二）自我效能因素

自我效能感最早是班杜拉提出的，是指人们对自己是否能够成功地对某一成就行为进行主观判断。目标理论认为目标的确立与维持、靠近目标以及目标实现使人感到生活有意

[①] 于静华：《大学生主观幸福感研究综述》［J］，《哈尔滨学院学报》2005 年第 26（5）期，第 97~99 页。

[②] 唐洁、孟宪璋：《大中学生主观幸福感的比较研究》［J］，《中国临床心理学杂志》2002 年第 10（4）期，第 316、320 页。

义，并产生自我效能感、增强正性情感；缺少目标、目标之间的矛盾和冲突、指向目标的活动受到干扰则会产生负性情感。相关研究表明自我效能感与幸福感存在显著的相关关系，一般自我效能感和应对方式是影响幸福感的重要变量[1]。Elliot 的研究表明，回避目标的追求、较少的目标发展与低幸福观都有关系。国内余鹏等[2]的相关研究则表明具有不同自我效能水平学生的幸福感有显著差异，高自我效能水平学生的幸福感要高于低自我效能水平的学生，张爱萍[3]的研究也证明了自我效能与维吾尔族大学生的幸福感呈正相关。

（三）应对方式因素

应对方式（coping style）是个体对环境或内在需求及其冲击所做出的恒定的认知性和行动性努力。应对方式与幸福感各维度呈中等程度的相关，积极应对方式与幸福感呈正相关[4]。积极应对方式与幸福感呈正相关，消极应对方式与幸福感呈负相关[5]。应对方式作为一个中介变量与生活满意度各维度具有显著的相关，并对幸福感具有重要的调节作用。采用积极的应对方式的学生幸福感较高，因为采取积极的应对方式有助于建立一个关系网络，有利于社会支持的获得，从而

---

[1] 佟月华：《大学生一般自我效能感、应对方式及主观幸福感的相关研究》[J]，《中国学校卫生》2004年第25（4）期，第396~397页。
[2] 余鹏、宿淑华、李丽：《大学生归因方式、自我效能感与主观幸福感的关系研究》[J]，《中国临床心理学杂志》2005年第13（1）期，第42~44页。
[3] 张爱萍：《维吾尔族大学生自我效能与幸福感相关性研究》[J]，《新疆大学学报》（哲学人文社会科学版）2012年第40（3）期，第96~97页。
[4] 谭春芳、邱显、清李焰：《初中生幸福感影响因素的研究》[J]，《中国心理卫生杂志》2004年第18（10）期，第723~725、731页。
[5] 杨海荣、石国兴：《初中生主观幸福感和心理健康及其相关因素研究》[J]，《中国健康心理学杂志》2004年第12（6）期，第416~419页。

可以获得较多的帮助和体验更多的生活满意度①。应对方式和幸福感存在密切的关联，较多使用解决问题和求助类应对方式的个体幸福感水平高，反之较多使用退避、不良情绪和发泄应对方式的个体幸福感水平低，应对方式对幸福感有较好的预测作用②。这与国外成人被试的研究结果相一致③。可见成熟型应对方式与幸福感之间呈正性相关关系，不成熟的应对方式与幸福感之间呈负性相关关系，培养积极的应对方式可有助于幸福感的提高。

---

① 杨海荣、石国兴:《初中生主观幸福感和心理健康及其相关因素研究》[J],《中国健康心理学杂志》2004 年第 12 (6) 期, 第 416~419 页。
② 王极盛、丁新华:《初中生主观幸福感与应对方式的关系研究》[J],《中国临床心理学杂志》2003 年第 11 (2) 期, 第 96~98 页。
③ Rim Y., Happiness and Coping Styles [J], *Personality and Individual Difference*, 1993, 14: 617~618.

第三章
研究设计及方法

第一节 研究思路及假设

根据已有的幸福感研究理论和本研究的研究问题，设计了研究思路和路径，选取了量性研究为主，质性研究为辅的方法。

一 研究思路

本研究从新疆少数民族的民族认同和民族归属及新疆政治、经济、文化、教育、宗教等多个因素考虑，通过使用中国城市居民主观幸福感量表（SWBS-CC）和自编居民满意度量表，按照"检验量表的信度和效度→校改、完善量表→以量表为工具分族别抽取样本测量→对有效测量数据进行筛选和统计分析"的路径，确定新疆少数民族城镇居民幸福感影响因素，探讨其与构建和谐新疆的关系，进而分析其对构建和谐新疆的意义和作用，构建一套在少数民族地区具有普遍适用性的幸福感评价指标体系。在上述基础上对大量材料、数据进行分析整合，运用幸福指标体系对新疆社会和谐程度进行监测和评估，对新疆社会整体发展水平进行衡量，最终为新疆各级政府制定政策、实现各民族幸福与和谐的终极目标提供理论依据和决策依据和实践参考。

认知动机学说认为人的认知结构调节着人的幸福感的环境影响，每个人都是生活在自己的主观世界，研究也发现，人们对同样的情境解释与反应方式是不同的，幸福者与不幸福者对解释、回忆的方式是不同的。但笔者认为人的认知不是一成不变的，是会因为经历、教育重新建构新的认知，所以认知的变化会影响幸福感的变化。

主观幸福感（SWB）作为心理学专用术语，得到了大多数研究者的认同，是美国学者迪纳的定义，是个体依据自定的标准对其生活质量的整体评价。[①] 因此本研究将中国城市居民主观幸福感量表（SWBS-CC）作为一个重要的测量工具，称其为迪纳幸福感量表。

自编居民满意度量表中对居住地各项满意度包括 7 个测评指标：团场政务、经济发展、居住条件、人情味、生活环境、文化娱乐、家庭情况。

在迪纳幸福感量表和居民满意度量表测评后，笔者对"幸福认知"这一问题进行了大量的深度访谈，在认知与适应、应对这样的循环中，提升人们对目标、期望以及与外界的比较认知水平和适应、应对能力，提升人们的智慧。亚里

[①] 陈红萍：《教师在提高学生学习主观幸福感中的作用》[J]，《中学教学参考》2012 年第 12 期，第 108 页。

士多德认为①智慧的人是最幸福的。因此笔者得出本研究的分析框架如图3-1。

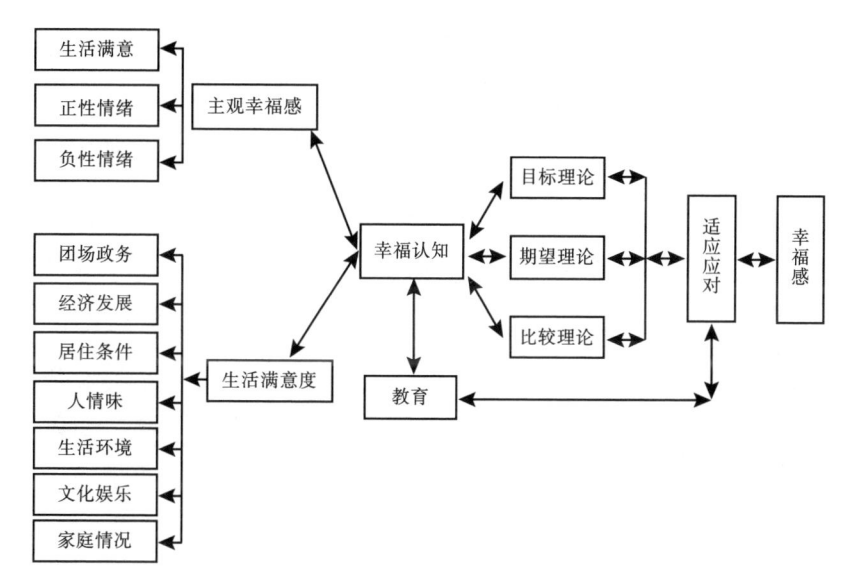

图3-1 少数民族城镇居民幸福感的分析框架

资料来源：研究者设计。

一是幸福感是主观与客观的统一。主观幸福感和心理幸福形成幸福感，幸福认知通过对主观幸福感和心理幸福感的影响最终对幸福感产生影响。

二是幸福认知对人们的目标、期望产生影响，也影响人们同周围环境因素的比较，同时目标、期望以及比较的环境和感受对幸福认知也产生影响。

三是幸福感是人们对幸福的认知与对环境的适应的动态平衡。

四是教育通过影响幸福认知进而影响幸福感。

---

① 亚里士多德：《尼各马可伦理学》[M]，《商务印书馆》，2009，第311页。

二 研究路径

本研究按照以下路径实施：根据分析框架，结合新疆少数民族城镇居民的文化背景，在前人研究的基础上，编制新疆少数民族城镇居民满意度量表，然后对量表进行信度和效度的检验，测试后对评价指标进行权重测定，形成居民满意度量表。最后与迪纳幸福感量表整合，对全疆少数民族城镇居民进行大范围施测，分析新疆少数民族城镇居民满意度状况和幸福感的特征及影响因素。分析影响因素对新疆少数民族城镇居民满意度和幸福感的影响，并对提升新疆少数民族城镇居民满意度和幸福教育提出相应的对策和建议。整体研究路径如图3-2。

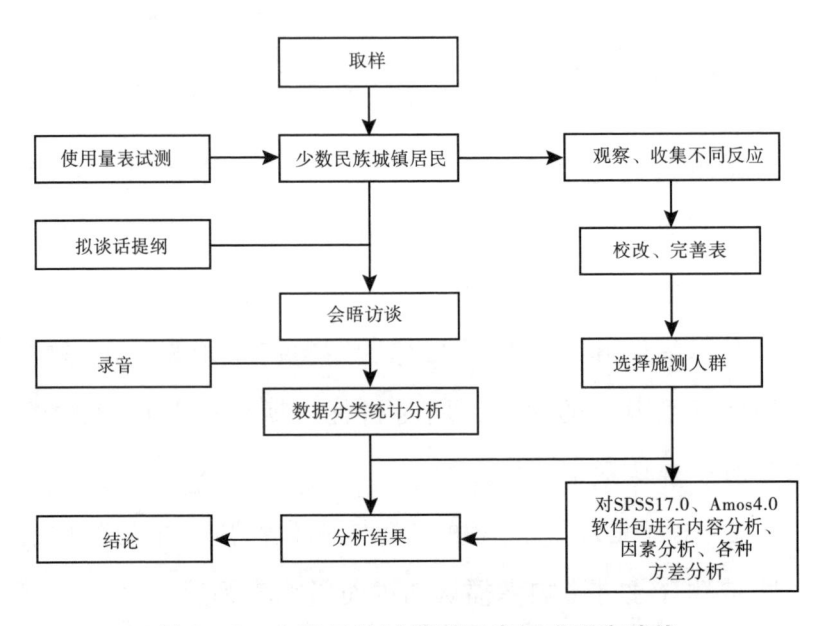

图3-2 少数民族城镇居民幸福感研究路线

资料来源：研究者设计。

三 研究假设

针对研究问题，本研究欲验证的实验假设如下。

假设1：新疆少数民族城镇居民幸福感在人口统计学变量上有差异性；

假设2：新疆各地州少数民族城镇居民幸福感存在差异性；

假设3：国家政策与环境影响新疆少数民族城镇居民幸福感；

假设4：家庭人口数、居住隶属地、居住地是影响新疆少数民族城镇居民幸福感的重要因素；

假设5：幸福认知①是影响新疆少数民族城镇居民幸福感的重要因素；

假设6：伊斯兰文化是影响新疆少数民族城镇居民幸福感的重要因素；

假设7：新疆生产建设兵团与新疆维吾尔自治区城镇居民幸福感存在差异性。

第二节 研究对象与方法

一 研究对象

（一）少数民族城镇居民

新疆少数民族居民在新疆是一个特殊的群体。截至2011

---

① 本研究是指通过心理活动，如形成幸福的概念、幸福的知觉、幸福的判断或想象，获取幸福的知识，是对幸福的理解与判断。

年,新疆维吾尔族、哈萨克族、柯尔克孜族、蒙古族的人口数量分别为1037.04万、154.26万、100.34万、19.40万。[①]比例约为10.37∶1.5∶1∶0.19。本研究采用分层随机抽样方法,对全疆少数民族聚集地进行分层抽样调查,然后按50人为一组抽取目标群体,共分为100组。共抽取样本5000人为研究对象,选取样本考虑居住地、居住隶属地、性别、民族、受教育水平、家庭情况等人口统计学因素。根据样本其他资料是否完整进行筛选,得到有效问卷4497份(其中少数民族有效问卷3484份),问卷有效率为90%。研究对象包括新疆的昌吉回族自治州、博尔塔拉蒙古自治州、巴音郭楞蒙古自治州、克孜勒苏柯尔克孜自治州、伊犁哈萨克自治州,阿克苏地区、喀什地区、和田地区、阿勒泰地区,石河子市、阿拉尔市、图木舒克市、五家渠市。其中包括汉族1013名、维吾尔族1109名、回族660名、哈萨克族711名、蒙古族819、柯尔克孜族185名。所有受检对象纳入标准与排除标准如下。

纳入标准:身体健康,愿意参与本次研究。

排除标准:心理和心身疾患、药物及酒精依赖史;身体有严重的器质性病变;既往有神经系统器质性问题,如癫痫史;有严重的精神障碍,如精神分裂、抑郁,及不愿参与本次研究者。

(二)维吾尔族大学生

维吾尔族大学生在新疆是一个特殊的群体,各高校采用

---

① 《2012年新疆统计年鉴》,载《人口与就业》,http://www.xjtj.gov.cn/。

与其他少数民族合班上课的教学组织形式，样本采取整群抽样，抽取来自新疆地区两所大学的在校大学生1000名，塔里木大学在校大学生300名，共1300名少数民族大学生为研究对象，有效问卷1124份，其中维吾尔族大学生832名作为研究对象。访谈选择典型个案20个。选取样本考虑城乡、男女、民族、专业、成绩等人口统计学因素。所有受检对象纳入标准与排除标准如下。

纳入标准：身体健康、17~35岁的在校大学生，愿意参与本次研究。

排除标准：身体有严重的器质性病变；既往有神经系统器质性问题，如癫痫史；有严重的精神障碍，如精神分裂、抑郁，及不愿参与本次研究者。

研究对象选取来自新疆地区三所大学：石河子大学、新疆大学、塔里木大学（作为对照学校）在读的大学生1200名。其中维吾尔族大学生832名。

所有被试者都被保证，本次研究的数据只用来进行学术研究，与他们相关的数据和资料只在研究过程中使用，且所有资料会得到很好的保密。

二　测量工具与方法

（一）目前国内外测量幸福感的常用工具

问卷1：幸福感评价问卷。

问卷2：总体幸福感量表（GWB）：由Fazio在1977年编制，是美国国立卫生统计中心指定的一种定时性测查工具，用来评价被试者对幸福的陈述。

问卷3：生活满意度量表（The Satisfacfion with Life，SWIS）：由 Diener、Eramomm 和 Grifin 等于 1985 年编制，用于测量大学生的生活满意度。

问卷4：国际大学调查问卷：由 Ed Diener 等 1995 年编制，分 A 卷和 B 卷，用于测量大学生的幸福感程度。

问卷5：幸福感指数量表：由 Campbdl 在 1976 年编制的用于测查受试者目前所体验到的幸福程度，包括总体情感指数和生活满意度两个问卷。

问卷6：纽芬兰纪念大学幸福度量表（MUNSH）：由 Kozamz 和 Albert 于 1980 年编制，其理论结构是情感平衡理论，即正性情感与负性情感之间的平衡，正性情感增加一个人的幸福度，负性情感降低一个人的幸福度，总的幸福度是两者之间平衡的结果。

问卷7：由 Kammann 和 Flett 于 1983 年编制的，是以被试者近期内体验到的积极和消极情感之间的平衡为基础，测查其主观幸福感。

问卷8：社会幸福感问卷：由 Keyes 在美国中年人调查（the Midlife in the United States，MIDUS）中编制，量表共有 15 个题目，分为 5 个维度：社会认同、社会实现、社会贡献、社会和谐、社会整合，测查个体社会机能健康的层面使用的具可操作性的社会幸福感。

本次研究使用的研究工具包括以下问卷。

（1）中国城市居民主观幸福感量表：本量表包含 20 个项目，

采用六级记分的方法，包括知足充裕体验、心理健康体验、社会信心体验、成长进步体验、目标价值体验、自我接受体验、身体健康体验、心态平衡体验、人际适应体验、家庭氛围体验维度。该量表在施测于城市居民时被证实具有较好的测量特性[1]。

(2) 自编城镇居民满意度量表：该量表中对居住地各项满意度包括7个测评指标：团场政务、经济发展、居住条件、人情味、生活环境、文化娱乐、家庭情况。共有条目23个，计算总分，五级制评分，问卷总分越高满意度越高。

(3) 综合幸福问卷（Multiple Happiness Questionnaire, MHQ）：是在整合幸福指数，主观幸福感（SWB）与心理幸福感（PWB）理论框架与测评指标的基础上，构建的多方位、多测度、多功能的本土化测量幸福感状况的量表。包括一个指数（幸福指数），两个模块（主观幸福感和心理幸福感），九个维度（生活满意、正性情感和负性情感、健康关注、生命活力、自我价值、人格成长、友好关系、利他行为），其中9个维度采用7级评分，共计50个项目，幸福指数采用9级评分。该量表在大学生人群试测，取得满意的信度与效度，并在军人、大学生、中学生、研究生、老年人群等群体中得到应用[2]。

(4) 领悟社会支持量表（Perceived Social Support Scale, PSSS）：包含12个题目的里克特7点评分量表。项目得分从由7~1代表"非常同意"到"非常不同意"，可用来测量被

---

[1] 邢占军：《中国城市居民主观幸福感量表的编制》，《香港社会科学学报》2002年第23期，第151~189页。
[2] 苗元江：《当代大学生幸福感调查研究》[J]，《青年探索》2007年第4期，第30~33页。

试者接受社会支持的3个来源：朋友、家庭成员以及有意义的其他成员，问卷具有良好的信度和效度[1]。

(5) 自我效能评价量表：自我效能感是指人们对自己实现特定领域内行为目标所需能力的信心或信念[2]。自我效能感强的人，相信自己能处理好各种事情，在学习、工作、生活中会更为积极主动。此量表有10个项目，每个项目采用Likert四级评分，量表得分范围在1~4分，中间标准为2.5分，得分低于2.5说明被试者自我效能感较低，得分较高者说明被试者自我效能感较高。

(6) 大学生学业归因评价量表[3]：MMCS量表中的学业成败归因分量表：该量表由Lefcout等编制，共有24题，其中成功归因和失败归因各12题。该量表信度、效度良好，Cronbachα值介于0.66~0.80，与Rotter内/外控量表间相关值达0.62，表明效标效度良好，适合大学生使用。

(7) 大学生"四认同"评价量表由石河子大学何慧星等编制，测查大学生"四认同"情况，得分越高说明大学生具备的"四认同"情况越好。

(8) 大学生幸福认知评价量表，即自编量表。即主要评价大学生对幸福的认知情况。问卷通过查阅资料和专家访谈编制。

(二) 研究方法

本课题从理论和实践相结合的角度出发，以社会学为主，

---

[1] 黄丽、姜乾金、任蔚红：《应对方式、社会支持与癌症病人心身症状的相关性研究》[J]，《中国心理卫生杂志》1996年第10(4)期，第160~163页。

[2] 张作记：《行为医学量表手册》[M]，北京：中华医学电子音像出版社，2005，第一版，第187~188页。

[3] 汪向东、王希林、马弘：《心理卫生评定量表手册》，《中国心理卫生杂志》，1999。

结合心理学、民族学、政治学展开多学科交叉研究。通过查阅相关资料，发现目前大多幸福感的研究者使用定量研究。而幸福感是一种主观感受，量的研究可以揭示一定的群体特征，但是很难解释宗教文化等因素对幸福感的影响。特别是很难解释这些影响因素是如何对幸福感产生作用的。本研究在跨学科研究的基础上通过量化研究方法和质性研究方法相结合，较全面收集信息，尽可能揭示幸福感的整体状况。

1. 量化研究。主要采用问卷调查法来完成。本研究主要采用如下调查工具：①中国城市居民主观幸福感量表（SWBS-CC）；②自编城镇居民满意度量表；对问卷进行初测后，进行调整，推广使用，采用现场发放现场收回的方法，进行问卷调查。

2. 质性研究。主要采用会晤访谈法、田野调查法。在研究文献的基础上，设计访谈提纲，按照不同地区采取有目的的典型抽样与随机抽样相结合的方式，用半结构式录音访谈法，准确、系统地掌握少数民族城镇居民幸福感现状、影响因素及其有关信息。深入少数民族城镇居民居住的社区、家庭进行田野调查。对典型个案进行深入访谈，挖掘深层次原因，做好数据收集工作，并将访谈结果进行深度剖析。

（三）质量控制

为了有效控制样本质量，测试人员皆为参加过心理测验培训，具有职业道德和一定专业理论知识及专业技能的人员。样本分批实施团体测试，每次测试40~50人，由1名主试和1名助理共同进行。问卷根据被试者所在单位进行团体施测，测评前由主试详细讲解说明，要求被试者在理解量表各条目的情况下如实回答，被试者独立答卷。测试一般在 15 分钟左右完成。为解除被试者的心理顾虑，采用不记名方式。各样本采集点的资料在两个月内完成采集。

（四）统计学处理

1. 数据录入：使用 SPSS21.0 对数据进行录入及统计。

2. 数据分析：用 SPSS21.0 进行数据分析及处理。数据分析方法包括：

（1）用 SPSS21.0 中的因素分析对研究工具进行信效度检验。

（2）采用 SPSS21.0 中的描述性统计方法进行总体描述分析。

（3）采用 SPSS21.0 中的独立样本 T 检验、单因素方差分析和配对分析对数据进行差异性检验。

（4）采用 SPSS21.0 中的回归分析对数据进行相关性分析。

（5）采用 SPSS21.0 中的相关分析探寻各变量间的相关性。

（6）采用 SPSS21.0 中的多元逐步回归分析对影响因素进行进一步分析，以 $P<0.05$ 为差异显著。

第三节　问卷的修订

一　调查对象的人口学分布情况

根据新疆维吾尔自治区统计局（2011 年 5 月 6 日）公布

的第六次全国人口普查结果显示新疆全区人口中，汉族人口8746148人，占总人口的40.1%，各少数民族人口13067186人，占总人口的59.9%。全区常住人口中，男性人口11190228人，占总人口的51.30%；女性人口10623106人，占总人口的48.70%。

（一）少数民族城镇居民人口学分布情况

本研究采用分层随机抽样方法，对全疆少数民族城镇居民的聚集地进行分层抽样调查，然后按50人为一组抽取目标群体，共分为100组。共抽取样本5000人为研究对象，选取样本考虑居住地、居住隶属地、性别、民族、受教育水平、家庭情况等人口统计学因素。根据样本其他资料是否完整进行筛选，得到有效问卷4497份（其中少数民族有效问卷3484份），问卷有效率为90%。研究对象涵盖新疆的昌吉回族自治州、博尔塔拉蒙古自治州、巴音郭楞蒙古自治州、克孜勒苏柯尔克孜自治州、伊犁哈萨克自治州，阿克苏地区、喀什地区、和田地区、阿勒泰地区，石河子市、阿拉尔市、图木舒克市、五家渠市。样本的人口学分布如表3-1所示。

（二）维吾尔族大学生人口学分布情况

采用随机抽样的方法，在石河子大学、塔里木大学、新疆大学随机抽取少数民族大学生1300名，其中维吾尔族大学生832名作为预测研究对象。发放问卷1300份，收回问卷1300份，有效问卷1124份，有效率为93.67%，其中维吾尔族大学生问卷832份。被试人口学资料见表3-2。

表3-1 城镇居民样本的人口学分布（$n=4497$）

变量							
性别	男性	女性					
人数（人）	2312	2185					
百分比（%）	51.4	48.6					
民族	汉族	维吾尔族	回族	哈萨克族	蒙古族	柯尔克孜族	其他
人数（人）	1013	1109	660	711	819	185	57
百分比（%）	22.5	24.7	14.7	15.8	18.2	4.1	1.3
宗教信仰	无	伊斯兰教	佛教	基督教			
人数（人）	1457	2725	243	15			
百分比（%）	32.4	60.6	5.4	0.3			
政治面貌	中共党员	民族党派	无党派人士	群众			
人数（人）	1019	226	566	2686			
百分比（%）	22.7	5	12.6	59.7			
地区家所在地	市	县	团场	城镇	连队		
人数（人）	2108	959	448	727	255		
百分比（%）	46.9	21.3	10	16.2	5.7		
受教育程度	本科及以上	大专	高中	初中	小学	未上过小学	
人数（人）	716	775	1062	977	616	351	
百分比（%）	15.9	17.2	23.6	21.8	13.7	7.8	
家庭人口数	一口人	两口人	三口人	四口人	五口及以上		
人数（人）	370	406	1429	1292	1000		
百分比（%）	8.2	9.0	31.8	28.7	22.2		
家庭月收入（元）	<800	801~1500	1501~2500	2501~3500	3501~4500	4501~5500	>5501
人数（人）	872	745	727	811	710	332	300
百分比（%）	19.4	16.6	16.2	18	15.8	7.4	6.7

表 3-2 样本的人口学分布（$n=1124$）

	性别		民族					地区		
	男性	女性	维吾尔族	哈萨克族	回族	蒙古族	其他	南疆	北疆	东疆
人数（人）	310	522	832	292	33	68	75	529	235	68
百分比（%）	37.3	62.7	63.0	24.9	3.5	3.7	5.0	63.6	28.2	8

	生源		年级					党员		朋友组别		
	城市	城镇	农村	预科	大一	大二	大三	毕业班	是	否	汉族多	少数民族多	差不多
人数（人）	252	249	331	38	349	281	142	22	67	765	49	654	129
百分比（%）	30.3	29.9	39.8	4.6	41.9	33.8	17.1	2.6	8.1	91.9	5.9	78.6	15.5

	来自学校				大学前学校		父亲文化				学生干部	
	石大	新大	塔大	其他	少数民族	汉族	合校	文盲	小学	中学	大专	是	否
人数（人）	299	357	176		543	70	219	34	247	311	240	229	603
百分比（%）	35.9	42.9	21.2		65.3	8.4	26.3	4.1	29.7	37.4	28.8	27.5	72.5

	月支出（元）					母亲文化			
	<200	200~300	300~500	500~1000	>1000	文盲	小学	中学	大专
人数（人）	44	163	478	132	15	56	257	338	181
百分比（%）	5.3	19.6	57.5	15.9	1.8	6.7	30.9	40.6	21.8

二 问卷设计流程与问卷检验

(一) 问卷设计原则与流程

问卷设计的质量如何将直接影响研究结果是否科学、真实、有效。本研究所使用的问卷在设计过程中为保证其科学性、有效性将努力做到以下四点。

第一，要保证其合理性。就是指问卷的编排设计要围绕着研究的选题来进行。本问卷设计必须以探究少数民族城镇居民主观幸福感的影响因素为宗旨。

第二，要保证其一般性。由于问卷针对的是少数民族城镇居民，考虑到其汉语言水平参差不齐，因此问卷和访谈的问题设计要保证简单明了，以保证结果的有效性，为后面的研究打好基础。

第三，要保证其逻辑性。一是问题出现的方式要符合被试者的逻辑思维；二是题与题之间要有内在的延续性，问卷的整体设计要符合逻辑思维。

第四，要保证其非诱导性。非诱导性是指在设计问卷的过程中设计者要保持客观性，避免使用暗示、诱导性词语以保证研究的真实有效。

在坚持上述四点原则的基础上，本研究的问卷设计流程如图3-3所示。

问卷设计的第一步是进行文献整理，总结前人的研究思路和研究结果，确定自己的研究重点。本研究的目的是通过量化研究和质性研究了解少数民族城镇居民的主观幸福感现

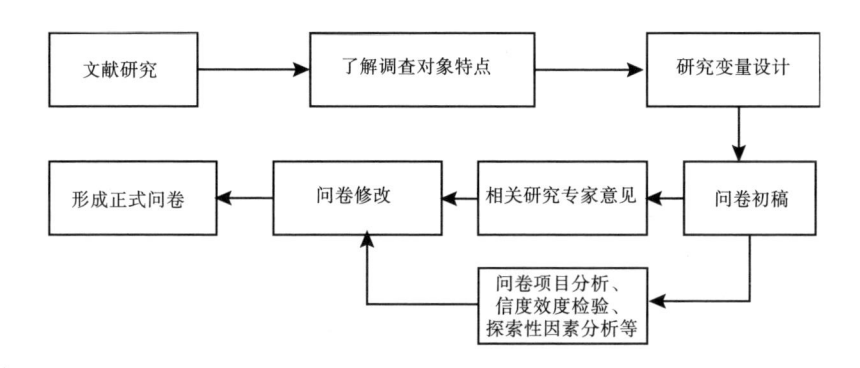

```
┌──────────┐    ┌──────────────┐    ┌──────────────┐
│ 文献研究 │───▶│了解调查对象特点│───▶│ 研究变量设计 │
└──────────┘    └──────────────┘    └──────────────┘
                                            │
                                            ▼
┌──────────┐    ┌──────────┐   ┌──────────────┐   ┌──────────┐
│形成正式问卷│◀──│ 问卷修改 │◀──│相关研究专家意见│◀──│ 问卷初稿 │
└──────────┘    └──────────┘   └──────────────┘   └──────────┘
                      ▲              │
                      │      ┌───────────────┐
                      └──────│问卷项目分析、 │
                             │信度效度检验、 │
                             │探索性因素分析等│
                             └───────────────┘
```

图 3-3　问卷设计流程

资料来源：研究者设计。

状及其影响因素；首先通过文献研究找到影响少数民族城镇居民主观幸福感的因素，在此基础上厘清调查问卷的脉络；而后根据研究思路设计变量，完成问卷初稿，并在小范围内进行预调查，对问卷信度效度进行验证，根据结果对问卷进行修改调整，直至正式问卷形成。

本研究由自编的《生活满意度问卷》和迪纳幸福感量表作为量化研究工具。其中自编问卷由两部分组成。第一部分是受访者的个人信息，这些信息既包括人口统计学变量，也包括受访者的家庭状况，通过这些信息与主观幸福感的相关性研究可以得出影响少数民族城镇居民主观幸福感的因素。主观幸福感将采用迪纳编制的生活满意度量表进行测量。

影响少数民族城镇居民主观幸福感的因素可以分为两个方面即内部因素和外部因素。前面所述的个人信息属于内部因素，社会环境属于外部因素。为了深入了解主观幸福感与生活满意度之间的关系，在问卷中将生活满意度具体划分为七个维度。

（1）团场政治建设满意度：政府工作效率与领导亲民状况的评价。

（2）经济发展满意度：经济持续较快发展与居民收入水平提高状况的评价。

（3）居住条件满意度：住房、日常生活便利程度的评价。

（4）居住地人情味满意度：对自己的人缘和邻里关系的评价。

（5）社会环境满意度：治安状况、卫生医疗、交通、教育环境的总体评价。

（6）文化娱乐满意度：文化娱乐状况的评价。

（7）家庭生活满意度：婚姻关系与子女状况的评价。

最后，生活满意度问卷采用五点式满意度测量，答案从"很不满意""不太满意""一般""比较满意""非常满意"排列，并进行1～5分赋值，我们预测性别、年龄、受教育程度、家庭收入、婚姻状况和子女教育等是影响主观幸福感的主要因素，并与主观幸福感之间进行相关分析等研究。

上述七个维度和影响因素与迪纳主观幸福感、居民生活满意度之间的关系如图3-4所示。

此外，为了进一步深入了解新疆少数民族特殊群体幸福感状况，本研究以维吾尔族大学生为调查对象，对其幸福感进行了研究。考虑到大学生知识水平相对较好，汉语言水平相对较高。本研究采用《维吾尔族大学生幸福感评

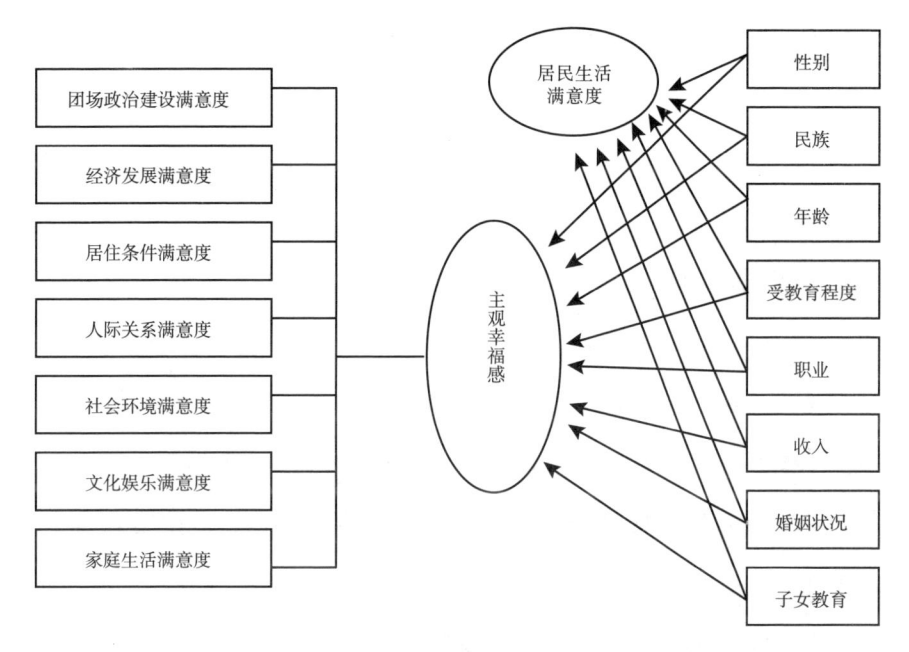

**图 3-4　七个维度和影响因素与迪纳主观幸福感、
居民生活满意度之间的关系**

资料来源：研究者整理。

价问卷》① 对所调查的维吾尔族大学生进行测量。《维吾尔族大学生幸福感评价问卷》包括幸福认知、自我效能②、领悟社会支持③、亲密关系④、学业归因⑤及"四认同"⑥等维度。

---

① 张爱萍:《维吾尔族大学生的幸福感研究》[M]，民族出版社，2012，第54页。
② 自我效能感：指个体对自己是否有能力完成某一行为所进行的推测与判断。最早提出自我效能感的人是阿尔伯特·班杜拉。这种理论认为，即便人的行为没有对自己产生强化，但由于人对行为结果所能带来的功效产生期望，可能会主动性地进行那一活动。自我效能感理论克服了传统心理学重行轻欲、重知轻情的倾向，日益把人的需要、认知、情感结合起来研究人的动机，具有极大的科学价值。
③ 社会支持是指当个体需要得到他人帮助时，其他人会提供物质上和情感上的帮助与支持。
④ 亲密关系在本研究是指恋爱关系。
⑤ 学业归因是指学习成绩归因，分正向归因和负向归因。
⑥ "四认同"是对伟大祖国的认同、对中华民族的认同、对中华民族文化的认同、对中国特色社会主义道路的认同。

（二）居民生活满意度问卷的信效度检验

本次研究所使用的测量问卷中，城镇居民满意度量表为自编量表，为保证本次研究的有效性，所以需要对此量表进行信效度的检验。

信度即可靠性，是指采用同一方法对同一对象进行调查时，问卷调查结果的稳定性和一致性，即测量工具能否稳定地测量所测的事物或变量。效度即有效性，它是指测量工具或手段能够准确测出所需测量事物的程度。分为内容效度、效标效度和结构效度 3 种类型。本研究主要从以下几方面讨论问卷的信效度。

1. 各项目与总分相关分析

对题项与总分相关系数的方法对初测项目进行项目分析。即求出每一个被试者的满意度总分，然后计算出被试者的每个题项与总分的积差相关，从而对问卷中的项目做出删减。根据伊贝尔（L. Ebel）的标准：只有区分度指数大于或等于0.3 以上的项目才可以认为是良好的，如果项目与总分的相关指数在 0.3 以下，则需要修改或者删除该项目。[①] 由项目分析的结果表明（见表 3-3），问卷中所有题项的 CR 值均在 0.000 上呈显著；量表各个条目与总分之间的相关分析表明，相关系数在 0.491~0.686，均达到 0.01 的显著性水平，可见，项目与总分相关非常显著，无须修改或删减题项。

---

① 蒋璐:《大学生职业同一性及其与性格优点主观幸福感的关系研究》[D]，湖南师范大学出版社，2011，第 37~38 页。

表 3 – 3　新疆城镇居民满意度问卷的项目分析结果（$n = 4497$）

项目号	r	P	项目号	r	P	项目号	r	P
1	0.682**	0.000	9	0.644**	0.000	17	0.643**	0.000
2	0.686**	0.000	10	0.638**	0.000	18	0.622**	0.000
3	0.659**	0.000	11	0.648**	0.000	19	0.608**	0.000
4	0.633**	0.000	12	0.579**	0.000	20	0.583**	0.000
5	0.544**	0.000	13	0.589**	0.000	21	0.507**	0.000
6	0.642**	0.000	14	0.656**	0.000	22	0.491**	0.000
7	0.611**	0.000	15	0.647**	0.000			
8	0.648**	0.000	16	0.624**	0.000			

注：＊$P < 0.05$，＊＊$P < 0.01$，＊＊＊$P < 0.001$。

2. 探索性因素分析

为进一步确定量表的因素结构，将所调查的 4497 份问卷中的 22 个题项进行探索性因素分析。要进行探索性因素分析，我们首先要考察变量之间的相关性，即用 KMO 系数和 Bartlett 球形检验。

根据 Kaiser 的判断标准，一般认为 KMO 值越接近 1 越好，当 KMO 值等于或大于 0.9 时表示非常适合做探索性因素分析，当 KMO 值在 0.8 ~ 0.9 时表示适合做探索性因素分析，当 KMO 值在 0.7 ~ 0.8 时表示一般适合做探索性因素分析，当 KMO 值在 0.6 ~ 0.7 时表示不太适合做探索性因素分析，而当 KMO 值小于 0.6 时则表示极不适合做探索性因素分析。[1]

---

[1] Park, N. and Peterson, C. Character, Strengths and Happiness Among Young Children: Content Analysis of Parental Descriptions, *Journal of Happiness Studies*, 2006, 7: 323 – 341.

Bartlett 球形检验是用来检验变量间的相关特征,当检验达到显著时则表示可以进行探索性因素分析。① 本研究对所测量表的 KMO 系数和 Bartlett 球形检验的结果见表 3-4。结果显示:KMO 系数值为 0.936,大于 0.9。Bartlett 球形检验 X^2 = 47052.863 (Df = 253),P < 0.000,说明变量间的相关性呈显著性水平,代表群体的相关矩阵有共同因素存在,表明取样适当,非常适合做探索性因素分析。

表 3-4 KMO 系数和 Bartlett 球形检验的结果 (n = 4497)

KMO 系数		0.936
Bartlett 球形检验	(近似卡方)X^2	47052.863
	(自由度)Df	253
	(显著性)P	0.000

3. 主成分因素分析

采用主成分分析法是因素分析中一种非常常用的分析方法。不限定因素数目抽取共同因素,以最大差法进行旋转,以使每个条目在尽可能的因子上有较高的负荷(见图 3-5)。需要指出的是在因素分析过程中逐步删除的情况如下:①因子负荷值小于 0.4 的项目;②双负荷或多负荷的项目;③维度归属与原设想不一致的项目。每删除一个项目均重新进行因素分析。

根据 Kaiser 的观点,保留特征值大于 1 的因素,因此共提

---

① 彭波:《大学生职业同一性量表的信效度检验》[J]《社会心理科学》2012 年第 4~27 期,第 484 页。

取 3 个因素，其特征值分别是 8.609、1.622、1.206。它们解释了总变异的 51.984%。因子提取情况见图 3-5。从碎石图可见，第 7 个因素之后坡度甚为平坦，因而保留 7 个因子较为适宜（见图 3-5）。

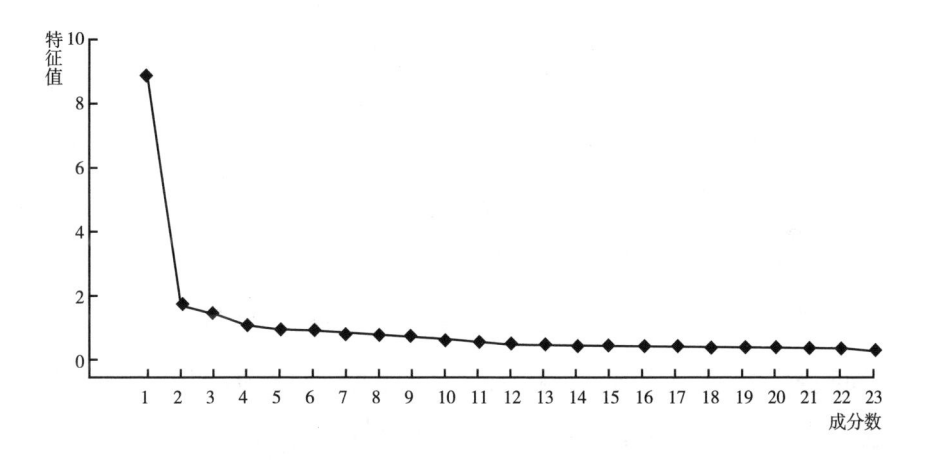

图 3-5　新疆城镇居民满意度问卷因素分析碎石图

4. 研究工具信度检验

信度检验常用的方法为科隆巴赫系数及拆半系数。信度越高代表量表越稳定。信度有外在信度（External reliability）和内在信度（Internal reliability）两类，外在信度通常指不同时间测量时量表一致性的程度，再测信度是外在信度通常的检验法；内在信度是一个量表能否测量单一概念的标志。本研究采用的是 Cronbach α 系数。

信度是反映量表的可靠性与稳定性，最常用检测信度的方法是 L. J. Cronbach 所创造的 α 系数。根据 Log 的研究标准可知，对于一般的研究而言，α 系数值普遍可接受的数值为0.80。[1] 而学者 DeVellis（1991）认为，当总量表的 α 系数值在 0.90 以上是信度最佳；α 系数值在 0.80 以上，算是非常高的信度了；α 系数值界于 0.7~0.8，算是相当好的；如果低于 0.7，则要考虑重新修订量表。[2] 本研究中测得该量表的同质信度，即总量表的内部一致性 Cronbach α 系数为 0.925，折半信度为 0.850。研究表明，编制的新疆城镇居民满意度问卷的各种信效度指标都达到了心理学测量的要求，具有较好的信效度，可以作为一种测查工具使用。

5. 研究工具的效度检验

本研究问卷项目经过相关研究专家审定和部分初测对象对问卷条目描述的通俗性、简明性、恰当性的积极反馈，并据此对条目中涉及的专业术语、表达方式进行了多次修改和校正。过程保证了该研究中量表良好的内容效度。此外，通过探索性因素分析得出的新疆城镇居民满意度问卷维度与初步构想的维度基本一致，说明了本量表的结构效度较好。为进一步验证，本研究采用了因素相关矩阵对问卷的结构效度和效标效度做了进一步的检验。

（1）结构效度的检测

心理学家 Tuker 认为，一个良好的问卷结构要求维度与检测的相关系数在 0.3~0.8，各维度的相关系数在 0.1~0.6。[3]

---

[1] Peterson, C., Strengths of Character and Happiness: Introduction to Special Issue, *Journal of Happiness Studies*, 2006, 7: 289-291.
[2] 吴明隆：《统计应用实务》[M]，北京：中国铁道出版社，2001，第 8~9 页。
[3] 袁丽丽：《大学生职业同一性的测量及干预研究》，南京师范大学出版社 [D], 2008, 第 20 页。

本研究采用 Pearson 相关分析进行检验量表的内部一致性。从各因素之间、因素与总分之间的相关系数矩阵，具体验证结果如下（见表 3–5）。

表 3–5 各维度之间及总分之间的相关系数（$n=4497$）

维度	Fz总分	F1 政务方面	F2 经济发展方面	F3 居住条件方面	F4 人情味方面	F5 生活环境方面	F6 文化娱乐方面
F1 政务方面	0.803**						
F2 经济发展方面	0.757**	0.629**					
F3 居住条件方面	0.789**	0.575**	0.606**				
F4 人情味方面	0.796**	0.595**	0.467**	0.562**			
F5 生活环境方面	0.856**	0.583**	0.537**	0.604**	0.662**		
F6 文化娱乐方面	0.718**	0.465**	0.460**	0.489**	0.440**	0.569**	
F7 家庭情况方面	0.493**	0.383**	0.240**	0.295**	0.456**	0.369**	0.282**

注：$*P<0.05$，$**P<0.01$，$***P<0.001$。

由表 3–5 可以看出，新疆城镇居民满意度问卷的三个维度之间的相关系数处于 0.240~0.662，具有显著性相关（$P<0.01$），表明各维度较好地反映了量表要调查的内容，各维度之间方向相同又彼此独立；各维度与量表总分之间的相关系数处于 0.493~0.856（$P<0.01$），即相关系数较高，且达到了显著水平，表明各维度与量表整体测量的概念一致，整个问卷结构良好。

（2）效标效度的检测

本量表的编制是在迪纳幸福感问卷的基础之上结合新疆少数民族城镇居民的文化背景、风俗习惯、宗教信仰等方面的因素编制而成的。因此有必要通过测量迪纳幸福感问卷的信度来检测居民生活满意度量表的效标效度。迪纳幸福感问卷由 5 个问题组成，七级制评分，算总分，总分越高生活满意度越高。通过检测得出迪纳幸福感问卷总分与条目的相关系数处于 0.749~0.843，区分度较好；问卷的 Cronbach α 系数为 0.850，折半信度为 0.787，问卷可靠性较好。新疆城镇居民生活满意度量表与迪纳幸福感量表总分呈显著正相关（$r=0.442$，$P<0.01$），问卷效标效度较好。

6. 小结

通过探索性因素分析的结果表明，新疆城镇居民满意度问卷的维度由团场政治建设满意度、经济发展满意度、居住条件满意度、居住地人情味满意度、社会环境满意度、文化娱乐满意度、家庭生活满意度构成，与理论构想基本一致。通过检测，问卷各因素的内部一致性信度，均达到可接受的水平，问卷因素间相关矩阵表明了问卷结构符合要求。研究表明，编制的新疆城镇居民满意度问卷的各种信效度指标都达到了心理学测量的要求，具有较好的信效度，可以作为一种测查工具使用。值得提出的是，本研究的量表有待完善。

第四章
新疆少数民族城镇居民幸福感现状及影响因素分析

为探究新疆少数民族城镇居民幸福感（迪纳问卷总分）及其影响因素，本研究对可能影响新疆少数民族城镇居民幸福感的因素进行差异性和相关性检验。分别以人口统计学因素、城镇居民所在地的团场政务、经济发展、居住条件、人情味、生活环境、文化娱乐、家庭为因变量进行单因素方差分析，结果发现幸福感总分受这些变量的影响。幸福感与生活满意度及其各维度有相关性。

为检验幸福感在影响因素上的差异性，本研究检验了幸福感在人口统计学因素、生活满意度各维度等因素上的差异性，结果显示，幸福感在以上影响因素作用下具有差异性。

第一节 新疆少数民族城镇居民幸福感现状

本节分别以性别、民族、宗教信仰、政治面貌、年龄、受教育程度、职业、家庭居住地、居住隶属地、家庭月收入、经济来源、婚姻状况、家庭人数、子女数、子女教育支出、住宅面积为自变量，以幸福感为因变量进行差异检验。方法包括：单因素方差分析和独立样本 T 检验。

一　新疆少数民族城镇居民幸福感高于全疆城镇居民幸福感平均水平

由表 4 - 1 可见，少数民族城镇居民幸福感和满意度的得分显著高于全疆城镇居民幸福感及满意度的得分（$P<0.01$）。

表 4 - 1　新疆少数民族城镇居民与全疆城镇居民幸福感比较（$\bar{x} \pm S$）

项　目	少数民族城镇居民（$n=3484$）	全疆城镇居民（$n=4497$）	t 值	P 值
幸福感问卷总分	20.25 ± 6.00	19.73 ± 5.97	127.57	0.000
满意度总分	77.23 ± 14.46	75.38 ± 14.53	315.21	0.000

新疆是一个多民族聚居的地区，地处西部边陲，交通便利度低，经济发展相对落后，现有 13 个世居民族，以维吾尔族、回族、哈萨克族、蒙古族、柯尔克孜族等少数民族居多，各民族大杂居，小聚居，保持友好的交往，共同创造着新疆的一项项繁荣与辉煌。国家在新疆实行民族区域自治制度，立足现实情况，在少数民族聚居地区推行大量的惠民政策，比如在招商引资、教育投资、入职教育、住房等方面均对少数民族实行了优惠政策，尤其是注重加大对南疆三地州（喀什、和田、克州）发展的扶贫力度。

据悉新疆2013年从交通部获得17.18亿元人民币的车购税补助，对此新疆有关部门专门编制《新疆南疆三地州交通扶贫规划（2011~2020年）》，计划将其中11.5亿元用于南疆三地州的农村公路建设，政府部门希望通过持续的政策性支持与资金倾斜，在2015年基本实现南疆三地州首府所在地公路高速化，希望到2015年建成贯通南疆三地州、沟通周边地区的高速、高等级公路网。[①] 南疆三地州是维吾尔族、哈萨克族、柯尔克孜族等主体民族集中聚居地，加大对南疆三地州的扶贫投入，很大程度上改善了少数民族城镇居民的生活状况。在党和国家的高度关注下，新疆少数民族比汉族居民享受到更多优惠政策，在生活、教育、工作等方面有较高的保障，因而新疆少数民族城镇居民的幸福感强于全疆城镇居民的幸福感。

二 新疆不同民族城镇居民幸福感状况差异比较分析

将收集到的资料按民族分为7组，分别为汉族、维吾尔族、回族、哈萨克族、蒙古族、柯尔克孜族、其他民族7组，其中其他民族样本较少不作计算。由表4-2可见，进行单因素方差分析，6个组间有显著性差异（$P<0.01$）。其中回族组得分显著高于其他民族组（$P<0.01$），哈萨克族组得分最低（$P<0.01$）。汉族1013名、维吾尔族1109名、回族660名、哈萨克族711名、蒙古族819名、柯尔克孜族185名。汉族组与其他5组之间幸福感得分均有显著相关，具有统计学意义。

[①] 新疆天山网：《新疆交通建设倾斜南疆三地州》，《新闻中心·经济新闻》，2013，第11页。

表4-2　新疆不同民族城镇居民幸福感差异比较（$\bar{x} \pm S$）

组别	项目	幸福感问卷总分	LSD	F值	P值
民族	①汉族($n=1013$)	17.94 ± 5.49			
	②维吾尔族($n=1109$)	19.61 ± 5.89			
	③回族($n=660$)	24.18 ± 6.43	①/② ①/③ ①/④ ①/⑤ ①/⑥		
	④哈萨克族($n=711$)	17.15 ± 5.53	②/③ ②/④ ②/⑤ ②/⑥		
	⑤蒙古族($n=819$)	20.77 ± 4.35	③/④ ③/⑤ ③/⑥		
	⑥柯尔克孜族($n=185$)	19.68 ± 5.14	④/⑤ ④/⑥	142.61	0.000

由数据可知，新疆少数民族回族城镇居民的幸福感最强，而哈萨克族与汉族的城镇居民幸福感都偏弱。回族居住地相对集中，主要分布在昌吉州、沙湾县、伊犁州等城镇地区，这些地区注重科学协调统筹发展，无论经济发展还是精神发展，都是又好又快。加之回族是个重视商业的民族，有其独特的文化表征和精神体验，回族以平静安详的心态对待纷繁的外界刺激与诱惑，他们的内心价值取向就是尊崇真主，心中有真主就是最幸福的心理体验，故其内心的幸福体验指数相对较高。[①]

在新疆，尽管汉族群众享受同样的经济、人文环境，幸福感却与其他少数民族群众有很大的差异，可能是汉族群众对幸福的期待不同所造成的，我们在访谈中也证实了这一点。一位回族受访者赛先生（44岁）有一双儿女都在读大学，他

---

① 胡滨：《从回族文化特征透析回族居民的幸福感》[J]，《长江大学学报》（社会科学版）2012年第35（1）期，第171~172页。

说他现在感觉很幸福,儿子女儿都已考入大学,学习成绩也很好,作为水泥厂的普通职工虽然工资不高,但是一家人能健康快乐地生活,他现在很满足。然而一位46岁的汉族女士张某觉得自己目前的生活不太幸福,她说孩子现在虽然上了大学,但是担忧孩子毕业后找不到满意的工作,还担忧没有更多的资金为孩子的将来做更充足的准备。

从两位访谈者中,我们不难发现,双方家长对孩子的期望不同,回族赛先生很满足孩子上了大学,对孩子的现状很满意,而汉族张女士却对孩子的未来担忧不已,导致对目前生活不太满意,从而幸福感也比较低。

另外,回族没有自己的语言文字,受汉语影响很深,因而与汉族沟通交流方便。回族思想更开明,能接受更多的新鲜想法,能积极配合政府的改革与惠民政策的实施,经济快速而稳定的增长,能使回族的整体生活水平得到较好改善,回族城镇居民对生活的满意度也较高。从不同民族的幸福感差异中,我们不难发现在追求幸福的道路上,心态很重要,回族居民追求安静平稳的状态,心胸开阔,容易满足,生活态度积极,对生活满意度高,幸福感也强烈。

三 新疆少数民族城镇居民幸福感状况影响因素的相关分析

影响少数民族城镇居民幸福感的因素有很多,本研究者先考虑从人口统计学资料来探讨各变量对少数民族城镇居民幸福感的影响。由表4-3可见,新疆少数民族城镇居民幸福感总分与性别、宗教信仰、政治面貌、受教育程度、职业、家庭居住地、居住隶属地、家庭月收入、经济来源、婚姻状况、家庭人数、子女数呈显著相关（$P<0.01$），与其他变量不相关。其中，新疆少数民族城镇居民幸福感总分与宗教信仰、受教育程度、职业、家庭月收入、经济来源呈显著正相关（$P<0.05$），与性别、年龄、家庭居住地、居住隶属地、家庭人数、子女数呈显著负相关（$P<0.05$）。

表4-3 新疆少数民族城镇居民幸福感状况影响因素的相关分析（r值）

项目	性别	宗教信仰	政治面貌	年龄	受教育程度	职业	家庭居住地	居住隶属地
幸福感问卷总分	-0.053**	0.039*	0.073**	-0.056**	0.108**	0.071**	-0.159**	-0.267**

项目	家庭月收入	经济来源	婚姻状况	家庭人数	子女数	子女教育支出	住宅面积
幸福感问卷总分	0.144**	0.056**	-0.062**	-0.119**	-0.114**	-0.009	-0.003

注：*$P<0.05$，**$P<0.01$，***$P<0.001$。

四 新疆少数民族城镇居民幸福感状况影响因素的多因素分析

为了进一步探究人口统计学各变量对少数民族城镇居民幸福感的影响情况，将新疆少数民族城镇居民幸福感总分作为因变量，以少数民族城镇居民一般情况为自变量，进行多元逐步回归分析。由表4-4可见，居住隶属地、子女数、家庭居住地、政治面貌、受教育程度、家庭人数、家庭月收入、婚姻状况、子女教育开支、性别进入新疆少数民族城镇居民幸福感总分回归方程，提示居住隶属地、家庭居住地、政治面貌、受教育程度、家庭人数、家庭月收入是影响新疆少数民族城镇居民幸福感的主要因素，家庭子女数、婚姻状况、子女教育开支、性别是影响新疆少数民族城镇居民幸福感的次要因素。在第六章探讨幸福感影响因素时将对这些重要的幸福感影响因素逐一进行具体分析。

表4-4 新疆少数民族城镇居民幸福感状况影响因素的多因素分析

因变量	选入的自变量	回归系数	标准误差	标准化回归系数	t值	P值
幸福感问卷总分	常量	23.395	0.765		30.576	0.000
	居住隶属地	-0.414	0.025	-0.268	-16.365	0.000
	子女数	-0.368	0.118	-0.068	-3.132	0.002
	家庭居住地	-0.357	0.083	-0.075	-4.280	0.000
	政治面貌	0.623	0.082	0.127	7.579	0.000
	受教育程度	0.304	0.082	0.072	3.709	0.000
	家庭人数	-0.478	0.102	-0.090	-4.671	0.000
	家庭月收入	0.230	0.066	0.068	3.504	0.000
	婚姻状况	-0.502	0.170	-0.051	-2.955	0.003
	子女教育开支	0.207	0.075	0.048	2.753	0.006
	性别	-0.380	0.191	-0.032	-1.987	0.047

第二节 新疆少数民族城镇居民幸福感与生活满意度相关分析

一 新疆少数民族城镇居民幸福感与生活满意度相关分析

将新疆少数民族城镇居民幸福感与生活满意度之间做

Pearson 相关检验得出相关系数为 0.267（$P<0.01$），说明新疆少数民族城镇居民幸福感与生活满意度总分之间存在相关，有统计学意义。再将新疆少数民族城镇居民幸福感总分与生活满意度各维度之间进行相关分析，由表 4-5 可知，新疆少数民族城镇居民幸福感总分与生活满意度各维度之间有显著差异，说明具有统计学意义。

表 4-5 新疆少数民族城镇居民幸福感与生活满意度各维度相关分析

项目	团场政务方面	经济发展	居住条件	人情味方面	生活环境	文化娱乐	家庭方面
迪纳总分	0.237**	0.245**	0.208**	0.232**	0.199**	0.169**	0.159**

注：*$P<0.05$，**$P<0.01$，***$P<0.001$。

二 新疆少数民族城镇居民幸福感与生活满意度多因素分析

将新疆少数民族城镇居民幸福感总分作为因变量，以少数民族城镇居民满意度各维度作为自变量，进行多元逐步回归分析。由表 4-6 可见，经济发展状况、人情味状况、政务状况进入新疆少数民族城镇居民幸福感总分回归方程，提示经济发展状况和当地人情味状况是影响新疆少数民族城镇居民幸福感的主要因素，团场政务状况是影响新疆少数民族城镇居民幸福感的次要因素。对影响新疆少数民族城镇居民幸福感的主要因素的分析将放在第六章新疆少数民族城镇居民幸福感影响因素分析中具体讨论。

表 4-6　新疆少数民族城镇居民幸福感与生活满意度各维度多因素分析

因变量	选入的自变量	回归系数	标准误差	标准化回归系数	t 值	P 值
幸福感问卷总分	常量	12.186	0.497		24.500	0.000
	经济发展	0.323	0.053	0.137	6.094	0.000
	人情味方面	0.245	0.042	0.121	5.862	0.000
	政务方面	0.168	0.059	0.070	2.865	0.004

幸福是一个常谈常新的话题，也是我们毕生追求的目标。新疆是少数民族聚居地，探究其少数民族城镇居民幸福感应综合考虑新疆民族多样性、文化多元性的社会背景，探究少数民族城镇居民幸福感差异及影响因素虽是一项极为复杂的研究，但是研究要有挑战性才会出新出彩。结合新疆区情民情，考虑到新疆各地州经济发展水平、民族分布的差异，下一章节主要从不同地州及城镇居民的特殊群体来探讨新疆少数民族城镇居民的幸福感现状及其影响因素。

第五章
新疆不同地州少数民族城镇居民
幸福感现状及影响因素分析

新疆维吾尔自治区地域辽阔，下设多个少数民族自治州，包括昌吉回族自治州、博尔塔拉蒙古自治州、巴音郭楞蒙古自治州、伊犁哈萨克自治州、克孜勒苏柯尔克孜自治州等，为探究新疆不同地州少数民族城镇居民幸福感差异，本研究对可能影响新疆少数民族城镇居民幸福感的因素进行差异性和相关性检验。分别以人口统计学因素、生活满意度因素为因变量进行单因素方差分析，结果发现不同地州少数民族城镇居民幸福感在这些影响因素上有差异。幸福感、满意度及其各维度与社会学影响因素有相关性。

第一节　昌吉回族自治州少数民族城镇居民幸福感探析

昌吉州地处天山北麓，是古代举世闻名的"丝绸之路"

新北道通往中亚、欧洲诸国的必经之路。昌吉州地处天山北坡经济带的核心区域，与乌鲁木齐毗邻，较其他少数民族自治州经济发展速度快，交通便利，居民生活水平排在全疆前列。昌吉州总人口为169.4万人（不含农八师驻玛纳斯县四团场总人口为159.9万人，地方总人口为129.3万人），少数民族41.19万人，占25.7%，其中回族18.87万人，占11.8%，是昌吉州主要的少数民族，回族城镇居民幸福感在全疆靠前位置，研究昌吉州回族城镇居民幸福感，探究其幸福感的影响因素，既可以为新疆其他少数民族自治州的幸福感研究提供理论参考，又能为其他地州提升少数民族幸福感提供现实的指导。

一 昌吉州回族城镇居民幸福感高于全疆少数民族城镇居民幸福感

将昌吉州回族城镇居民与全疆少数民族城镇居民幸福感与满意度进行方差检验，由表5-1可见，昌吉州回族城镇居民幸福感总分、满意度总分均显著高于全疆少数民族城镇居民幸福感得分（$P<0.01$）。说明昌吉州回族城镇居民幸福感较全疆少数民族城镇居民幸福感较强，满意度较高。

表5-1 昌吉州回族城镇居民与全疆少数民族城镇居民幸福感、满意度差异比较（$\bar{x} \pm S$）

项　目	昌吉回族城镇居民（$n=659$）	全疆少数民族城镇居民（$n=3484$）	t值	P值
幸福感问卷总分	24.07±6.47	19.73±5.97	95.48	0.000
满意度总分	82.20±16.65	77.23±14.46	126.73	0.000

二 昌吉州回族城镇居民幸福感影响因素的相关分析

将昌吉州回族城镇居民幸福感总分与人口统计学资料及生活满意度各维度做相关分析,由表5－2可见,发现昌吉州回族城镇居民幸福感总分与民族、政治面貌、受教育程度、职业、家庭月收入、经济来源、子女教育支出呈显著正相关($P<0.05$或0.01);与宗教信仰、年龄、家庭居住地、家庭人数、子女数呈显著负相关($P<0.05$或0.01)。昌吉州回族城镇居民幸福感总分与团场政务方面、经济发展状况、居住条件、人情味方面、生活环境、文化娱乐、家庭方面呈显著正相关($P<0.05$或0.01)。

表5－2 昌吉州回族城镇居民幸福感状况影响因素的相关分析（r值）

项目	性别	民族	宗教信仰	政治面貌	年龄	受教育程度	职业	家庭居住地
幸福感问卷总分	0.015	0.166**	-0.112**	0.172**	-0.142**	0.384**	0.325**	-0.350**

项目	家庭月收入	经济来源	婚姻状况	家庭人数	子女数	子女教育支出	住宅面积
幸福感问卷总分	0.442**	0.379**	-0.037	-0.191**	-0.260**	0.133**	0.025

注:$*P<0.05$,$**P<0.01$,$***P<0.001$。

项目	团场政务方面	经济发展	居住条件	人情味方面	生活环境	文化娱乐	家庭方面
昌吉州幸福感总分	0.295**	0.240**	0.246**	0.246**	0.262**	0.355**	0.119**

注:$*P<0.05$,$**P<0.01$,$***P<0.001$。

三 昌吉州回族城镇居民幸福感状况影响因素的多因素分析

将昌吉州回族城镇居民幸福感总分作为因变量,以昌吉州回族城镇居民一般情况及满意度各维度为自变量,进行多元逐步回归分析。由表 5-3 可见,家庭月收入、经济来源、职业、性别、受教育程度、政治面貌、民族、宗教信仰、家庭居住地进入昌吉州回族城镇居民幸福感总分回归方程,提示人口统计学资料中家庭月收入和受教育程度是影响昌吉州回族城镇居民幸福感的最主要因素,其他变量为次要影响因素。满意度各维度中,文化娱乐方面是影响昌吉州回族城镇居民幸福感的最主要因素,家庭方面及团场政务方面是影响昌吉州回族城镇居民幸福感的最次要因素。

表 5-3 昌吉州回族城镇居民幸福感状况影响因素的多因素分析

因变量	选入的自变量	回归系数	标准误差	标准化回归系数	t 值	P 值
幸福感问卷总分	常量	10.325	2.481	0.213	4.162	0.000
	家庭月收入	0.935	0.183	0.097	5.096	0.000
	经济来源	0.530	0.224	0.110	2.364	0.018
	职业	0.190	0.065	0.146	2.930	0.004
	受教育程度	0.753	0.215	0.103	3.499	0.000
	政治面貌	0.563	0.197	0.101	2.863	0.004
	民族	2.039	0.680	-0.117	2.998	0.003
	宗教信仰	-1.500	0.448	-0.108	-3.350	0.001
	家庭居住地	-0.548	0.208	0.213	-2.639	0.009
	(常量)	16.145	1.160		13.915	0.000
	文化娱乐方面	0.852	0.130	0.355	6.558	0.000
	家庭方面	-0.586	0.169	-0.158	-3.460	0.001
	团场政务方面	0.319	0.128	0.130	2.492	0.013

（一）昌吉州回族城镇居民家庭月收入在 4501～5500 元的幸福感最强

将收集到的样本按家庭月收入分为 7 组，分别为 800 元及以下、801～1500 元、1501～2500 元、2501～3500 元、3501～4500 元、4501～5500 元、5501 元及以上 7 组。由表 5-4 可见，进行单因素方差分析，7 个组间有显著性差异（$P<0.01$）。其中家庭月收入在 4501～5500 元组的少数民族城镇居民幸福感得分显著高于其他组（$P<0.01$），800 元及以下组得分最低（$P<0.01$）。800 元及以下组样本量为 62 人、801～1500 元组样本量为 103 人、1501～2500 元组样本量为 46 人、2501～3500 元组样本量为 196 人、3501～4500 元组样本量为 206 人、4501～5500 元组样本量为 36 人、5501 元及以上组样本量为 10 人，各组之间幸福感得分均有显著差异，具有统计学意义。

表 5-4　昌吉州回族城镇居民幸福感家庭月收入差异分组比较

组别	项目	幸福感问卷总分	LSD	F 值	P 值
家庭月收入	①800 元及以下（$n=62$）	18.71±6.94			
	②801～1500 元（$n=103$）	20.33±7.68			
	③1501～2500 元（$n=46$）	19.50±7.34			
	④2501～3500 元（$n=196$）	25.45±4.66	①/④ ①/⑤ ①/⑥ ①/⑦		
	⑤3501～4500 元（$n=206$）	26.55±4.71	②/④ ②/⑤ ②/⑥ ②/⑦		
	⑥4501～5500 元（$n=36$）	28.06±4.07	③/④ ③/⑤ ③/⑥ ③/⑦		
	⑦5501 元及以上（$n=10$）	24.10±6.85	④/⑥		
	总数（$n=659$）	18.71±6.47		32.88	0.00

由表 5-4 可知，昌吉州回族城镇居民幸福感在月收入达到 4501～5500 元最高，而在月收入在达到 5501 元及以上时幸福感有所回落。这与迪纳的研究有契合之处，迪纳在研究幸福感与居民收入之间的关系时提到随着收入的增加，幸福安宁的感觉也会随之增长，人们对生活的满意度增强，不过有一定上限，这是收入的边际效应。也就是说收入状况仅在非常贫穷时对幸福感有影响，一旦人们的经济条件可以不必为生活必需品所羁绊，收入对幸福的影响力就没有那么大了。

昌吉州的发展速度虽在新疆来说居于前列，可是我国目前仍然处在社会主义初级阶段，正努力建设小康社会，昌吉州经济的发展也是处于稳步前进阶段，物质生活的富足对居民生活满意度有一定影响，可是居民幸福感并不是随家庭月收入的递增而不断增强，在月收入达到一定范围时，人们的物质生活充足，人们的幸福感最高。

正如在访谈中了解到一位成功的回族商人马先生（52 岁）说：" 我在钱方面不需要发愁，生意现在也越做越有规模，孩子也送出国留学了，可是这几年却总感觉提不起精神。以前生意刚起步的时候虽然挣得不多，可是每天却感觉很充实很开心，现在发现自己钱虽然挣得多了，却没以前幸福了。和以前的朋友一比较吧，我现在的生活都是他们羡慕的，可是我却觉得没有他们幸福，也没有他们开心。我想了很久也没想通，直到有一天，我看到一个朋友一家三口高高兴兴地坐在一起吃饭，有说有聊，笑声不断的时候，我才发现我为什么感觉不幸福了。我现在很少在家吃饭，为了生意，几乎天天在外面应酬，以前与孩子的交流太少，现在和孩子见不上面，彼此也缺少家人的问候与关心。"

人们在金钱上总是不知满足的，总认为挣的钱越多，会越幸福，可是当你财富满钵的时候才发现自己错过了很多，金钱的多少不能完全填补一个人的幸福，并不是收入越多越幸福，人们除了物质的需求，更多时候是要追求精神的满足，只有物质与精神的需求都达到满足的时候，人们才会感觉真正的幸福。

（二）昌吉州回族城镇居民受教育程度为大学专科的幸福感最强

将收集到的样本按受教育程度分为 6 组，分别为未上过学、小学、初中、高中（含中专、职高）、大学专科、大学本科及以上 6 组。由表 5-5 可见，进行单因素方差分析，6 个组间有显著性差异（$P<0.01$）。其中大学专科组的城镇居民幸福感得分显著高于其他组（$P<0.01$），受教育程度为小学组得分最低（$P<0.01$）。未上过学组样本量为 18 人、小学组

表 5-5　昌吉州回族城镇居民幸福感受教育程度差异分组比较

组别	项目	幸福感问卷总分	LSD	F值	P值
受教育程度	①未上过小学($n=18$)	20.78±8.03			
	②小学($n=80$)	18.36±7.95			
	③初中($n=84$)	22.37±6.17	①/④ ①/⑤ ①/⑥		
	④高中(含中专、职高)($n=171$)	23.88±6.00	②/③ ②/④ ②/⑤ ②/⑥		
	⑤大学专科($n=252$)	26.33±4.92	③/⑤ ③/⑥		
	⑥大学本科及以上($n=54$)	26.30±5.33	④/⑤ ④/⑥	26.24	0.00
	总数($n=659$)	24.07±6.47			

样本量为 80 人、初中组样本量为 84 人、高中（含中专、职高）组样本量为 171 人、大学专科组样本量为 252 人、大学本科及以上组样本量为 54 人，受教育程度各组之间幸福感得分均有显著差异，具有统计学意义。

据表 5-5 可知，昌吉州回族城镇居民幸福感在受教育程度为大学专科及大学本科及以上两组的幸福感最强，受教育程度为小学组的幸福感最低。由于受教育程度与人们在社会经济、政治生活中所得到的各种待遇和发展机会密切相关，一般情况下受教育程度越高，意味着生存条件越好、发展机会越多，受教育程度高的人也就可能较多地体验到幸福。尤其对于少数民族城镇居民来说，通过自己的努力受到较高水平的教育，是改变自己命运的一条捷径。

据调研与访谈发现，昌吉市的经济发展相对较迅速，社会竞争大，对人才的要求较高，就业压力比较大，薪酬较高的职位对人的学历要求就比较高，通常较高的学历能找到相对满意的工作。一位受访者白某（回族，22 岁）在谈及目前是否幸福时说了一段个人的找工作经历，他说四年前他以中专学历找工作，比较难找到满意的工作，最后只好在一家车间做普通工人，工作了一年也没什么盼头，就想着继续学习深造，现在凭着自己的努力大专毕业了，再去找工作，有多家企业都向他发出邀请，现在选择机会多了，能够自主地选择自己喜欢的岗位，感觉比以前有成就感。

（三）文化娱乐是昌吉州回族城镇居民幸福感的重要因素

满意度文化娱乐这一维度主要通过三道题目来反映，包括对当地休闲娱乐方式、文化娱乐设施、文化娱乐活动频率的满意度。由前述分析可见，昌吉州回族城镇居民幸福感与满意度中的文化娱乐这一维度相关联。为进一步研究这些关联对幸福感的影响，本研究对幸福感与生活满意度各维度的影响因素进行了进一步分析。用相关分析方法探寻幸福感的影响因素。以皮尔逊（Pearson）相关系数为依据，采用双尾检验，结果见表5-6。

表5-6　昌吉州回族城镇居民幸福感文化娱乐影响因素分析

项目	文化娱乐	休闲娱乐方式	文化娱乐设施	文化娱乐活动频率
昌吉州幸福感总分	0.355**	0.321**	0.356**	0.317**

注：$*P<0.05$，$**P<0.01$，$***P<0.001$。

由表显示：

昌吉州回族城镇居民幸福感在文化娱乐维度中的相关系数大小，依次为：

文化娱乐是影响幸福感的最重要因素（$r=0.355$，$P<0.01$），包括：文化娱乐设施（$r=0.356$，$P<0.01$）；休闲娱乐方式（$r=0.321$，$P<0.01$）；文化娱乐活动频率（$r=0.317$，$P<0.01$）。

昌吉州回族城镇居民对当地文化娱乐方式、文化娱乐设施、文化娱乐活动频率的满意度较高，这三方面能提高当地城镇居民对文化娱乐生活的满足。在物质生活相对富足的昌吉州，对于幸福的追求，人们不仅停留于物质生活的富裕，更多的居民开始追求精神上的满足。多种的文化娱乐生活既能丰富居民的生活，又能拓展居民的休闲娱乐方式，还能拉近人们的距离，增进人与人之间的感情，更为各民族的特色文化搭建了交流的平台。比如社区广场上，在舞池中翩翩起舞的有汉族、回族、维吾尔族、哈萨克族等，大家通过舞蹈、音乐来交流感情，各民族之间互敬互爱，其乐融融。多种文化娱乐活动丰富了居民的精神生活，增强了居民的生活满意度，提升了居民的幸福感。

（四）家庭成为昌吉州回族城镇居民幸福感的重要影响因素

由前述分析可见，昌吉州回族城镇居民幸福感与满意度中家庭这一维度相关联。为进一步研究这些关联对幸福感的影响，本研究对幸福感与生活满意度的家庭中的与爱人关系及对孩子目前状况的满意度进行了进一步分析。用相关分析方法探寻幸福感的影响因素。以皮尔逊（Pearson）相关系数为依据，采用双尾检验，结果见表5-7。

表5-7　昌吉州回族城镇居民幸福感家庭影响因素分析

项目	与爱人关系	对孩子目前状况
昌吉州幸福感总分	0.964**	0.962**

注：*$P<0.05$，**$P<0.01$，***$P<0.001$。

家庭是影响幸福感的另一个重要因素（$r=0.119$，$P<0.01$），包括：与爱人的关系（$r=0.964$，$P<0.01$）；对孩子目前状况（$r=0.962$，$P<0.01$）。

家庭关系影响昌吉州回族城镇居民的生活满意度，拥有一个温馨的家庭能提升居民的幸福感。从古至今，人类对爱情、亲情的追求从未止步。与爱人相亲相爱，组建一个温暖的家，对孩子状态满意，家庭的稳定、成员间的相互关怀，满意的家庭生活能带给城镇居民幸福的动力。

由以上结果可知，昌吉州回族城镇居民幸福感（幸福感得分 24.07±6.47）明显高于全疆城镇居民幸福感的平均水平（幸福感得分 19.73±5.97）。作为昌吉州主要的世居少数民族——回族，其居住地相对集中，主要分布在昌吉州及周边的城镇地区，这些地区注重科学协调统筹发展，无论经济发展还是精神发展，都又好又快。加之回族是个重视商业的民族，有其独特文化表征和独特精神体验，回族以平静安详的心态对待纷繁的外界刺激与诱惑，他们的内心价值取向就是尊崇真主，心中有真主就是最幸福的心理体验，故其内心的幸福体验指数相对较高。

当然，昌吉州回族城镇居民幸福感的强弱与政府的执政目标、当地的经济发展紧密相关，尤其是近年来昌吉州作为乌昌经济一体化的受惠城市，教育资源、社会保障、医疗卫生条件逐步提高，城镇居民收入不断提高，居民对生活的满意度逐渐增强，幸福感也相应提升，这都为昌吉州的全面发展奠定了基础。

第二节　博州、巴州蒙古族城镇居民幸福感探析

博尔塔拉蒙古自治州（简称博州）与巴音郭楞蒙古自治州（简称巴州）均是以蒙古族为主的自治州。博尔塔拉蒙古自治州享有"西来之异境，世外之灵壤"之美誉。历史上曾是古"丝绸

之路"新北道的枢纽，现在是中国向西开放的前沿、新疆天山北坡经济带的重要组成部分。近几年，博州的经济发展迅速，博乐飞机场的通航，使博州成为"东联西出""西引东进"的黄金枢纽。博州总人口为44.37万人，其中少数民族人口为15.55万人，占总人口的35.04%，蒙古族人口为2.63万人，占总人口的5.93%。[1]

巴音郭楞蒙古自治州享有"华夏第一州"之称。巴州历史悠久，是古"丝绸之路"的重要通道。同时巴州拥有丰富的矿产资源、动植物资源、旅游资源，更入选"2012年度中国特色魅力城市200强"，可见巴州是一个多元化发展的新型城市。截至2012年末，巴州总人口为137.47万人，其中少数民族人口为59.55万人，占总人口的43.32%，蒙古族人口为5.11万人，占总人口的3.72%。[2]

通过本研究发现博州与巴州蒙古族城镇居民幸福感在新疆少数民族城镇居民幸福感中位居第二、第三，因此研究博州、巴州的幸福感及其影响因素，可以为其他州提升幸福感提供理论和现实的参考依据。

一 博州、巴州蒙古族城镇居民幸福感差异比较

由表5-8可见，博州蒙古族城镇居民幸福感总分、满意度总分均显著高于巴州蒙古族城镇居民的得分（$P<0.01$）。说明博州蒙古族城镇居民的幸福感高于巴州蒙古族城镇居民。

---

[1] 各地、州、市、县（市）分民族人口，第三篇 人口与就业，《新疆统计年鉴》2012年，第106页。
[2] 摘自巴音郭楞蒙古自治州人民政府网的人口和民族，http://www.xjbz.gov.cn/bzgk/bagk.htm。

表5-8 博州、巴州蒙古族城镇居民幸福感、满意度差异比较（$\bar{x} \pm S$）

项 目	博州城镇居民（$n=411$）	巴州城镇居民（$n=410$）	t值	P值
幸福感问卷总分	21.70±4.83	19.90±3.46	43.11	0.000
满意度总分	80.64±12.91	75.01±8.48	92.51	0.000

二 博州蒙古族城镇居民幸福感状况影响因素的相关及多因素分析

（一）博州蒙古族城镇居民幸福感状况影响因素相关分析

由表5-9可见，博州蒙古族城镇居民幸福感总分与家庭月收入、住宅面积呈显著正相关（$P<0.05$或0.01）；与家庭居住地、经济来源呈显著负相关（$P<0.05$或0.01）。博州蒙古族城镇居民满意度总分与团场政务方面、经济发展状况、居住条件、人情味方面、生活环境、文化娱乐、家庭方面无显著相关（$P<0.05$或0.01），不具有统计学意义。

表5-9 博州蒙古族城镇居民幸福感状况影响因素的相关分析（r值）

项 目	性别	民族	宗教信仰	政治面貌	年龄	受教育程度	职业	家庭居住地
幸福感问卷总分	-0.025	0.017	-0.034	-0.045	-0.023	0.083	-0.080	-0.322**

项 目	家庭月收入	经济来源	婚姻状况	家庭人数	子女数	子女教育支出	住宅面积
幸福感问卷总分	0.151**	-0.152**	0.001	0.093	0.052	0.083	0.188**

续表

项目	团场政务方面	经济发展	居住条件	人情味方面	生活环境	文化娱乐	家庭方面
博州满意度总分	-0.069	0.065	-0.048	-0.047	-0.037	-0.032	-0.034

注：* $P<0.05$，** $P<0.01$，*** $P<0.001$。

（二）博州蒙古族城镇居民幸福感状况影响因素的多因素分析

以博州蒙古族城镇居民幸福感总分为因变量，以博州蒙古族城镇居民一般情况及满意度各维度为自变量，进行多元逐步回归分析。由表 5 - 10 可见，家庭居住地、经济来源、住宅面积进入博州蒙古族城镇居民幸福感总分回归方程，提示家庭居住地是影响博州蒙古族城镇居民幸福感的最主要因素，经济来源、住宅面积为次要影响因素。

表 5 - 10　博州蒙古族城镇居民幸福感状况影响因素的多因素分析

因变量	选入的自变量	回归系数	标准误差	标准化回归系数	t 值	P 值
幸福感问卷总分	常量	24.291	1.311		18.530	0.000
	家庭居住地	-1.189	0.194	-0.290	-6.141	0.000
	经济来源	-0.531	0.201	-0.122	-2.638	0.009
	住宅面积	0.608	0.256	0.113	2.376	0.018

（三）博州蒙古族城镇居民家庭居住地在市区的幸福感最强

将收集到的样本按家庭所在地分为 5 组，分别为市（区）、县、团场、城镇、连队 5 组。由表 5 - 11 可见，进行单因素方差分析，5 个组间有显著性差异（$P<0.01$）。其中市（区）组少数民族城镇居民幸福感得分显著高于其他地区组

（$P<0.01$），连队组得分最低（$P<0.01$）。市（区）组样本量为217人、县（城）组样本量为91人、团场组样本量为45人、城镇组样本量为42人、连队组样本量为16人。市（区）组与其他4组之间幸福感得分均有显著相关，具有统计学意义。

表5-11 博州蒙古族城镇居民幸福感家庭居住地差异分组比较

组别	项目	幸福感问卷总分	LSD	F值	P值
家庭所在地	①市（区）($n=217$)	23.19±4.89			
	②县($n=91$)	20.58±4.18			
	③团场($n=45$)	20.47±3.48			
	④城镇($n=42$)	18.60±4.59	①/② ①/③ ①/④ ①/⑤		
	⑤连队($n=16$)	19.38±4.24	②/④		
	总数($n=411$)	21.70±4.83		13.98	0.000

据表5-11可知市（区）组博州蒙古族城镇居民幸福感最强，博州虽然近几年发展速度快，可是相对于其他地州，经济还是比较落后的，博乐市作为博州最大的城市，拥有该地区先进的医疗资源及丰富的教育资源，博乐市居民可以更方便地享受社会资源，生活便利度高，对生活的满意度高，幸福感较强。

而城市周边的县、团场、连队等地区地处城市的"边缘地带"，远离经济、政治和文化核心地区，交通不便、信息闭塞，该地区居民生活便利程度低，对生活满意度低。

在访谈中不难发现很多居民都谈到城乡或是连队的交通不便利给他们的生活和学习带来了众多问题。蒙古族小姑娘萨仁（17岁）家住城乡地区，在博乐市上高中，她说现在感觉学校挺好的，环境好，老师也好，同学对她也好，她感觉比较幸福。就是觉得去学校不方便，不仅路远，还没有公交车，要是交通再方便一点，感觉离家就近一些了，心里就不那么孤独了。

三 巴州蒙古族城镇居民幸福感状况影响因素相关及多因素分析

（一）巴州蒙古族城镇居民幸福感状况影响因素相关分析

把巴州蒙古族城镇居民幸福感总分与人口统计学资料做相关分析，发现巴州蒙古族城镇居民的幸福感总分与人口统计学资料均无相关，无统计学意义；为了进一步了解巴州蒙古族城镇居民幸福感的状况及影响因素，此节采用辅助量表即生活满意度量表来探讨巴州蒙古族城镇居民幸福感状况及影响因素分析。将巴州蒙古族城镇居民满意度总分与人口统计学资料进行相关检验，发现巴州蒙古族城镇居民满意度总分与宗教信仰、受教育程度、子女数呈显著正相关（$P<0.05$ 或 0.01）；与职业、住宅面积呈显著负相关（$P<0.05$ 或 0.01）。

表5-12 巴州蒙古族城镇居民幸福感状况影响因素的相关分析（r值）

项 目	性别	民族	宗教信仰	政治面貌	年龄	受教育程度	职业	家庭居住地
幸福感问卷总分	0.066	-0.062	0.103*	0.011	0.062	0.246**	-0.116*	-0.050

项 目	家庭月收入	经济来源	婚姻状况	家庭人数	子女数	子女教育支出	住宅面积
幸福感问卷总分	0.038	0.081	0.072	0.075	0.131**	-0.006	-0.141**

注：* $P<0.05$，** $P<0.01$，*** $P<0.001$。

（二）巴州蒙古族城镇居民幸福感状况影响因素的多因素分析

以巴州蒙古族城镇居民满意度总分为因变量，以巴州蒙古族城镇居民一般情况及满意度各维度为自变量，进行多元逐步回归分析。由表5-13可见，受教育程度、住宅面积、年龄、职业、经济来源、子女教育开支进入巴州蒙古族城镇居民幸福感总分回归方程，提示受教育程度、住宅面积、年龄、职业是影响巴州蒙古族城镇居民幸福感的最主要因素，经济来源、子女教育开支为次要影响因素。

表5-13　巴州蒙古族城镇居民幸福感状况影响因素的多因素分析

因变量	选入的自变量	回归系数	标准误差	标准化回归系数	t值	P值
幸福感问卷总分	常量	67.673	3.010		22.480	0.000
	受教育程度	2.266	0.332	0.347	6.827	0.000
	住宅面积	-1.336	0.348	-0.184	-3.845	0.000
	年龄	1.872	0.461	0.204	4.058	0.000
	职业	-0.655	0.153	-0.226	-4.291	0.000
	经济来源	0.957	0.382	0.124	2.502	0.013
	子女教育开支	-1.013	0.471	-0.106	-2.150	0.032

（三）巴州蒙古族城镇居民受教育程度为大学本科及以上的幸福感最强

将收集到的样本按受教育程度分为6组，分别为未上过小学、小学、初中、高中（含中专、职高）、大学专科、大学本科及以上6组。由表5-14可见，进行单因素方差分析，6个组间有显著性差异（$P<0.01$）。其中大学本科及以上的

少数民族城镇居民幸福感得分显著高于其他组（$P<0.01$），受教育程度为高中组得分最低（$P<0.01$）。未上过小学组样本量有 10 人、小学组样本量有 17 人、初中组样本量有 51 人、高中（含中专、职高）组样本量有 137 人、大学专科组样本量有 65 人、大学本科及以上组样本量有 131 人，各组间存在显著差异，具有统计学意义。

表 5-14　巴州蒙古族城镇居民幸福感受教育程度差异分组比较

组别	项　目	满意度问卷总分	LSD	F 值	P 值
受教育程度	①未上过小学($n=10$)	73.10±8.67			
	②小学($n=17$)	76.35±6.24			
	③初中($n=51$)	72.73±8.68			
	④高中（含中专、职高）($n=137$)	71.59±10.10	②/④		
	⑤大学专科($n=65$)	77.62±6.72	③/⑤　③/⑥		
	⑥大学本科及以上($n=131$)	78.09±5.60	④/⑤　④/⑥	11.31	0.00
	总数($n=410$)	75.00±8.48			

不同文化程度幸福感水平有很大差异，数据显示文化程度在大学本科及以上的蒙古族城镇居民幸福感最强，初高中文化程度的居民幸福感普遍较低。全民族尤其是劳动人口教育程度的高低直接制约着科学技术的发展和畜牧业经济的现代化，也直接制约着全民族素质的提高和生育观念的转变。[1]

---

[1] 马戎：《民族与社会发展》[M]，民族出版社，2001。

由于新疆少数民族地区对少数民族在入学教育、职业教育等诸多方面有优惠政策，以巴州库尔勒市为例，库尔勒市作为南疆经济发展的重要城市，教育政策惠及度较高，其教育资源相对丰富，居民拥有更多的平等教育机会和更高的教学条件，因而库尔勒市的蒙古族城镇居民普遍能受到良好的教育，其文化程度逐步提升，文化程度较高的居民相对的发展机会就多，对生活的满意度较高。在访谈中发现较高文化程度的居民对自己的人生目标有合理的认识，而合理目标的实现能提高人们对生活的满意度，满意度的提升能加强居民对幸福感的体验。

（四）巴州蒙古族城镇居民住宅面积在 51～70 平方米幸福感最强

将收集到的样本按住宅面积分为 5 组，由表 5 - 15 可见，进行单因素方差分析，5 个组间有显著性差异（$P<0.01$）。其中住宅面积在 51～70 平方米的少数民族城镇居民幸福感得分显著高于其他组（$P<0.01$），住宅面积在 50 平方米及以下组得分最低（$P<0.01$）。50 平方米及以下组样本量为 7 人、51～70 平方米组样本量为 102 人、71～90 平方米组样本量为 114 人、91～110 平方米组样本量为 81 人、111 平方米及以上组样本量为 106 人，各组间存在显著差异，具有统计学意义。

巴州在推动新型城镇化建设过程中，少数民族受惠程度较高，各级政府积极响应习主席的号召"将便民利民场所搞得好一点，看着就舒服一点"。蒙古族是传统的游牧民族，也

表 5 - 15　巴州蒙古族城镇居民幸福感住宅面积差异分组比较

组别	项　目	满意度问卷总分	LSD	F 值	P 值
住宅面积	①50 平方米及以下($n=7$)	68.43 ± 9.73			
	②51 ~ 70 平方米($n=102$)	77.29 ± 7.74	①/② ①/③ ①/⑤		
	③71 ~ 90 平方米($n=114$)	76.82 ± 7.66	②/④ ②/⑤		
	④91 ~ 110 平方米($n=81$)	70.52 ± 10.16	③/④		
	⑤111 平方米以上($n=106$)	74.69 ± 6.94	④/⑤	10.87	0.00
	总数($n=410$)	75.00 ± 8.48			

是巴州的主体少数民族。在牧民定居工程的不断推进中，蒙古族城镇居民由传统的散居安置到集中居住，政府为其提供各项优惠措施，为农牧民建立宽敞舒适、设备齐全的房屋，新建成房屋的面积大都在 50 ~ 90 平方米，对于家庭困难户通过申请可以优先选择成为定居牧民。

在调研及访谈过程中，我们发现居住在 100 多平方米的院落式居民，房屋较陈旧，生活设施不齐全，水电很成问题。所以实行牧民定居工程之后，散居的牧民响应政府号召，高兴地搬进新居，在调研中接触到一位热情的蒙古族大婶乌云（46 岁），她告诉我们以前她家住在 130 多平方米的院子里，虽然宽敞，但是水电暖都没有现在 70 多平方米的新居方便，他们现在很满意，感谢政府为他们修建如此宽敞干净的房子，小区还专门配有健身器材，还有文化娱乐活动中心，这些都让他们非常满意。

(五) 职业是巴州蒙古族城镇居民幸福感的重要影响因素

将收集到的样本按职业分为13组，由表5-16可见，进行单因素方差分析，13个组间有显著性差异（$P<0.01$）。其中从事个体经营的少数民族城镇居民幸福感得分显著高于其他组（$P<0.01$），下岗或失业组得分最低（$P<0.01$）。各样本分布情况如表5-16所示，各组间存在显著差异，具有统计学意义。

表5-16 巴州蒙古族城镇居民幸福感职业差异分组比较

组别	项 目	满意度问卷总分	LSD	F值	P值
年龄	①职工($n=15$)	77.73±9.81			
	②农民($n=17$)	72.41±8.03	①/⑥ ①/⑬		
	③个体经营者($n=52$)	78.77±6.09	②/③ ②/④		
	④党政机关处级以上干部（含处级）($n=24$)	78.13±9.19	③/⑤ ③/⑥ ③/⑦ ③/⑧ ③/⑫ ③/⑬		
	⑤党政机关一般工作人员($n=28$)	74.11±9.59	④/⑥ ④/⑬		
	⑥商业工作人员($n=63$)	72.17±9.91	⑥/⑦ ⑥/⑩		
	⑦专业技术人员($n=107$)	74.94±7.99	⑩/⑬		
	⑧企事业单位管理人员($n=23$)	74.61±8.26			
	⑨商业服务业工作人员($n=20$)	74.80±9.82			
	⑩离退休人员($n=17$)	77.06±5.76			
	⑪自由职业($n=6$)	74.33±7.89			
	⑫打工($n=24$)	74.00±6.36			
	⑬下岗或失业($n=14$)	71.14±7.43		2.46	0.00
	总数($n=410$)	75.00±8.48			

从职业构成看，新疆蒙古族人口主要从事农、林、牧劳动，各类专业技术劳动及生产、运输及有关劳动。[①] 经过查阅文献，结合实地调研发现，库尔勒市蒙古族城镇居民主要从事各类专业技术，从事脑力劳动的智力型在业人口的比例较高，如医生、教师职业领域的人数较多，而从事肌肉运动或机械性劳动的体力型在业人口的比例较低。通过数据分析和访谈可知，个体经营者幸福感最强，其次是党政机关干部和普通职工的幸福感较强，而幸福感最低的是下岗或失业人员。

不同职业的居民幸福感有所差别，个体经营者相对于其他职业的人能创造更多的物质财富，丰富的物质财富能满足他们的自我需求，对生活比较满意。党政机关干部的政治地位较体面，能在自己的岗位上实现自己的价值，对工作和生活满意度高，幸福感也相应增强。库尔勒市蒙古族普通居民通过智慧和双手能在自己的职业领域创造出财富，家庭生活水平逐年提高，对生活的满意度越来越高。同时，为了提升全民的幸福感，巴州政府应该要加大对下岗失业人员的关怀力度，积极引导其进行再就业，为增强其幸福感助力。

（六）年龄是巴州蒙古族城镇居民幸福感的重要影响因素

将收集到的样本按年龄分为6组，分别为21~30周岁、31~40周岁、41~50周岁、51~60周岁、61~70周岁、71周岁及以上6组。由表5-17可见，进行单因素方差分析，6

[①] 张毅：《新疆的蒙古族人口发展的特点与思考》[J]，《新疆社会经济》1995年第6期，第99页。

个组间有显著性差异（$P<0.01$）。其中71周岁及以上组的少数民族城镇居民幸福感得分显著高于其他组（$P<0.01$），61~70周岁及31~40周岁的两组少数民族城镇居民幸福感都较低（$P<0.01$）。21~30周岁组样本量有29人、31~40周岁组样本量有227人、41~50周岁组样本量有112人、51~60周岁组样本量有23人、61~70周岁组样本量有14人、71周岁及以上组样本量有5人，各组间存在显著差异，具有统计学意义。

表5-17 巴州蒙古族城镇居民幸福感年龄差异分组比较

组别	项目	满意度问卷总分	LSD	F值	P值
年龄	①21~30周岁（$n=29$）	76.03±8.24			
	②31~40周岁（$n=227$）	73.98±8.93			
	③41~50周岁（$n=112$）	76.82±8.08			
	④51~60周岁（$n=23$）	74.61±5.75			
	⑤61~70周岁（$n=14$）	73.64±6.64	②/③	2.14	0.049
	⑥71周岁及以上（$n=5$）	80.00±6.20			
	总数（$n=410$）	75.00±0.42			

由表5-17可知，巴音郭楞蒙古自治州蒙古族城镇居民年龄在71周岁及以上的居民幸福感最强，这一年龄阶段的老人已进入古稀之年，但仍然充满活力，心态都比较好，身体还算健康。在访谈中接触了一位蒙古族老大爷（76岁）说现在只要身体健康，不生病，就感觉很幸福了，就算是生病了现在的医保政策很好，也不用太担心。孩子们也有自己

的生活，也不需要操心了，现在只希望他们有空的时候回来看看我就可以了。当然这一年龄段的老人，更多渴求的是精神方面的关心，盼望亲人的关怀，对物质或是其他追求的欲望很低，对生活报以宽怀的心态，生活满意度较高，幸福感强。

而处于 31~40 周岁的居民，虽然能掌控自己的生活，但也需要承担大量的责任和压力。这一阶段正是事业的爬坡期，工作压力、房贷压力都比较重，上有老人需要赡养，下有孩子需要照料，开销比较大，家庭负担相对较重，种种原因导致这一阶段的居民对生活的满意度低，因而幸福感也到了低潮期。

四 小结

新疆的蒙古族是传统的游牧民族，随着城镇化的发展，蒙古族居民在新的生活环境中普遍都适应了生产、生活方式的转变，居住在宽敞舒适的高楼里，从事着自己满意的工作，生活满意度愈来愈高，幸福感越来越强，对未来也有无限憧憬。为确保博州、巴州蒙古族城镇居民幸福感早日达到全疆少数民族城镇居民幸福感的平均水平，该地政府应该加强关注居民的文化程度、住宅面积、年龄、职业、经济来源、子女教育开支等方面的问题，继续实施好教育优先、医疗提质、充分就业等民生工程，从多角度着手，切实关注民生民情，提升居民生活满意度，最终确保博州、巴州蒙古族城镇居民幸福感整体水平得到有效提升。

第三节 伊犁哈萨克自治州少数民族城镇居民幸福感探析

伊犁哈萨克自治州地处祖国西北边陲，是全国唯一的既辖地区又辖县市的自治州，这里有中国陆路最大的通商口岸（霍尔果斯口岸），因雨量较充沛被称为中亚湿岛或塞外江南，是中国十大宜居中小城市之一。伊犁幅员辽阔，资源充裕，有着得天独厚的优势，水土光热资源丰富。随着2008年伊犁河谷首条高速公路通车、2009年精伊霍铁路通车，给伊犁这块藏在天山"深闺"的宝地插上了腾飞的翅膀。伊犁哈萨克自治州总人口为459.82万人，其中少数民族人口为263.26万人，占全州总人口的57.25%，哈萨克族人口为121.05万人，占全州总人口的26.33%，[①]哈萨克族是伊犁哈萨克自治州的自治民族。伊犁哈萨克自治州少数民族城镇居民幸福感得分在全疆排名靠后，幸福感得分仅为18.04±5.53，探究伊犁两大主要少数民族哈萨克族和柯尔克孜族的城镇居民幸福感差异，找出伊犁哈萨克自治州少数民族幸福感较低的影响因素，可以对症下药，切实有效提升伊犁哈萨克州少数民族城镇居民幸福感。

一 伊犁哈萨克族与柯尔克孜族城镇居民幸福感差异比较

由表5-18可见，伊犁柯尔克孜族城镇居民幸福感总分、

[①] 各地、州、市、县（市）分民族人口数第106页，第三篇 人口与就业，《新疆统计年鉴》2012年。

满意度总分显著高于哈萨克族城镇居民得分（$P<0.01$）。说明伊犁柯尔克孜城镇居民幸福感明显强于伊犁哈萨克族城镇居民。

表 5-18　伊犁哈萨克族与柯尔克孜族城镇居民幸福感、
满意度差异比较（$\bar{x}\pm S$）

项　目	哈萨克族城镇居民（$n=552$）	柯尔克孜族城镇居民（$n=172$）	t 值	P 值
幸福感问卷总分	17.56±5.53	19.51±5.27	0.589	0.000
满意度总分	72.65±15.85	78.27±10.81	37.56	0.000

二　伊犁哈萨克族城镇居民幸福感状况影响因素的相关分析

（一）伊犁哈萨克族城镇居民幸福感状况影响因素相关分析

由表 5-19 可见，伊犁哈萨克族城镇居民幸福感总分与政治面貌、家庭月收入呈显著正相关（$P<0.05$ 或 0.01）；与年龄、职业、家庭人数、子女数、子女教育支出呈显著负相关（$P<0.05$ 或 0.01）。伊犁哈萨克族城镇居民满意度总分与团场政务方面、经济发展状况、居住条件、人情味方面、生活环境、文化娱乐、家庭方面无显著相关（$P<0.05$ 或 0.01），不具有统计学意义。

（二）伊犁哈萨克族城镇居民幸福感状况影响因素的多因素分析

以伊犁哈萨克族城镇居民幸福感总分为因变量，以伊犁哈萨克族城镇居民一般情况及满意度各维度为自变量，进行多元

表 5-19　伊犁哈萨克族城镇居民幸福感状况
影响因素的相关分析（r 值）

项目	性别	宗教信仰	政治面貌	年龄	受教育程度	职业	家庭居住地
幸福感问卷总分	-0.040	0.030	0.102*	-0.091*	-0.012	-0.113**	-0.052

项目	家庭月收入	经济来源	婚姻状况	家庭人数	子女数	子女教育支出	住宅面积
幸福感问卷总分	0.159**	0.005	-0.034	-0.133**	-0.097*	-0.164**	0.006

注：$*P<0.05$，$**P<0.01$，$***P<0.001$。

项目	团场政务方面	经济发展	居住条件	人情味方面	生活环境	文化娱乐	家庭方面
伊犁哈萨克族幸福感总分	0.005	0.072	0.073	0.055	0.082	0.007	-0.011

注：$*P<0.05$，$**P<0.01$，$***P<0.001$。

逐步回归分析。由表 5-20 可见，子女教育开支、家庭月收入、政治面貌、家庭人数进入伊犁州少数民族城镇居民幸福感总分回归方程，提示家庭月收入是影响伊犁哈萨克族城镇居民幸福感的最主要因素，子女教育开支、政治面貌、家庭人数为次要影响因素。

（三）伊犁哈萨克族城镇居民家庭月收入在 5501 元及以上幸福感最强

将收集到的样本按家庭月收入分为 7 组，分别为 800 元及以下、801～1500 元、1501～2500 元、2501～3500 元、3501～4500 元、4501～5500 元、5501 元及以上 7 组。由表 5-21 可见，进行单因素方差分析，7 个组间有显著性差异（$P<0.01$）。其中家庭

表5-20 伊犁哈萨克族城镇居民幸福感状况影响因素的多因素分析

因变量	选入的自变量	回归系数	标准误差	标准化回归系数	t值	P值
幸福感问卷总分	常量	17.115	1.048		16.323	0.000
	子女教育开支	-0.520	0.159	-0.140	-3.269	0.001
	家庭月收入	0.577	0.155	0.155	3.714	0.000
	政治面貌	0.629	0.183	0.144	3.439	0.001
	家庭人数	-0.432	0.204	-0.092	-2.121	0.034

月收入在4501~5500元组的伊犁哈萨克族城镇居民幸福感得分显著高于其他组（$P<0.01$），800元及以下组得分最低（$P<0.01$）。800元及以下组样本量为62人、801~1500元组样本量为103人、1501~2500元组样本量为46人、2501~3500元组样本量为196人、3501~4500元组样本量为206人、4501~5500元组样本量为36人、5501元及以上组样本量为10人、800元及以下组与其他组之间幸福感得分均有显著差异，具有统计学意义。

表5-21 伊犁哈萨克族城镇居民幸福感家庭月收入差异分组比较

组别	项目	幸福感问卷总分	LSD	F值	P值
家庭月收入	①800元及以下($n=197$)	16.64±5.25			
	②801~1500元($n=162$)	17.07±5.68			
	③1501~2500元($n=80$)	19.29±5.50			
	④2501~3500元($n=63$)	18.41±6.18			
	⑤3501~4500元($n=26$)	18.31±4.45			
	⑥4501~5500元($n=8$)	19.38±3.66	①/③ ①/④ ①/⑦		
	⑦5501元及以上($n=16$)	19.81±4.98	②/③		
	总数($n=552$)	17.56±5.53		3.42	0.00

据数据可知，伊犁哈萨克族城镇居民幸福感受家庭月收入的影响，其中家庭月收入达到5501元及以上组幸福感最强，迪纳等（Diener，1995）研究发现：一个国家的国内总产值与幸福感的水平之间具有高相关。幸福感水平会随着收入的增加而增加，一方面可能是受经济因素的直接影响；另一方面也可能是经济发展具有超越物质生活的广泛效果，因为物质生活的满足增强了其他领域的满意感，增加了其他方面的特性，例如平等，从而直接导致非物质领域的满足。[①] 但是据表5-21发现家庭月收入在1501~2500元时，伊犁哈萨克族城镇居民幸福感也达到较高点。这也表明幸福感受收入的边际效应影响，收入多幸福感不一定强，只有在相对贫困的时候，收入对幸福感的影响才会达到最大。

通过调研及访谈发现，家庭月收入处在这一区间的城镇居民刚开始参加工作，靠自己的劳动养活自己，挣得工资虽然不高，可是算是独立的开始，对生活现状还是比较满意，对未来也有无限憧憬，目前幸福感也比较强。

三 伊犁柯尔克孜族城镇居民幸福感状况影响因素相关及多因素分析

（一）伊犁柯尔克孜族城镇居民幸福感状况影响因素的相关分析

由表5-22可见，伊犁柯尔克孜族城镇居民幸福感总分与

---

① 苗元江：《影响幸福感的诸因素》[J]，《社会》2004年第4期，第20~23页。

家庭人数呈显著正相关（$P<0.05$ 或 0.01）。伊犁柯尔克孜族城镇居民满意度总分与团场政务方面、经济发展状况、居住条件、人情味方面、生活环境、文化娱乐、家庭方面无显著相关（$P<0.05$ 或 0.01），不具有统计学意义。

表 5-22　伊犁柯尔克孜族城镇居民幸福感状况
影响因素的相关分析（r 值）

项目	性别	宗教信仰	政治面貌	年龄	受教育程度	职业	家庭居住地
幸福感问卷总分	0.121	-0.007	-0.002	-0.006	-0.054	0.019	-0.046

项目	家庭月收入	经济来源	婚姻状况	家庭人数	子女数	子女教育支出	住宅面积
幸福感问卷总分	-0.074	0.031	-0.113	0.195*	-0.052	-0.060	0.029

注：*$P<0.05$，**$P<0.01$，***$P<0.001$。

项目	团场政务方面	经济发展	居住条件	人情味方面	生活环境	文化娱乐	家庭方面
伊犁柯尔克孜族幸福感总分	-0.018	-0.016	0.097	0.014	-0.024	0.139	0.016

注：*$P<0.05$，**$P<0.01$，***$P<0.001$。

（二）伊犁柯尔克孜族城镇居民幸福感状况影响因素的多因素分析

以伊犁柯尔克孜族城镇居民幸福感总分为因变量，以伊犁柯尔克孜族城镇居民一般情况及满意度各维度为自变量，进行多元逐步回归分析。由表 5-23 可见，家庭人数、子女数进入伊犁柯尔克孜族城镇居民幸福感总分回归方程，提示家庭人数、子女数是影响伊犁柯尔克孜族城镇居民幸福感的因素。

表5-23　伊犁柯尔克孜族城镇居民幸福感状况影响因素的多因素分析

因变量	选入的自变量	回归系数	标准误差	标准化回归系数	t值	P值
幸福感问卷总分	常量	15.701	1.639		9.578	0.000
	家庭人数	1.776	0.536	0.277	3.310	0.001
	子女数	-1.075	0.501	-0.180	-2.144	0.033

（三）家庭人数是伊犁柯尔克孜族城镇居民幸福感的重要影响因素

将收集到的样本按家庭人数分为5组，分别为一口人、两口人、三口人、四口人、五口人及以上5组。由表5-24可见，进行单因素方差分析，5个组间有显著性差异（$P<0.01$）。其中家庭人数为五口人及以上组的柯尔克孜族城镇居民幸福感得分显著高于其他组（$P<0.01$），一口人组得分最低（$P<0.01$）。一口人组样本量为5人、两口人组样本量为11人、三口人组样本量为92人、四口人组样本量为51人、五口人及以上组样本量为13人。

表5-24　伊犁柯尔克孜族城镇居民幸福感家庭人数差异分组分析

组别	项目	幸福感问卷总分	LSD	F值	P值
家庭人数	①一口人（$n=5$）	14.60±6.27			
	②两口人（$n=11$）	18.64±4.39			
	③三口人（$n=92$）	19.18±5.44			
	④四口人（$n=51$）	20.35±4.86			
	⑤五口人及以上（$n=13$）	21.15±5.08	①/④ ①/⑤		
	总数（$n=172$）	19.51±5.27		1.94	0.00

将伊犁柯尔克孜族城镇居民按家庭人数差异分组进行单因素方差分析，5个组间有显著性差异，其中家庭人数为五口人及以上组幸福感最高。现在柯尔克孜族城镇居民家庭结构基本以核心家庭为主，即夫妻两人带着未婚的孩子生活，据文献考证柯尔克孜族的多孩率在少数民族中是首屈一指的，[①]三个子女的家庭普遍存在。

但是随着社会的发展，计划生育政策即使对柯尔克孜族的要求较宽松，可是随着孩子入学压力大、子女教育支出增加等因素，一个传统的柯尔克孜族家庭最多养育三个孩子，并尽心尽力哺育好子女，有三个子女的家庭既响应了国家计划生育政策的号召，也满足了哈萨克族多孩率的传统观念，故而三个子女的家庭幸福感指数较高。

四 小结

伊犁哈萨克族和柯尔克孜族城镇居民幸福感及影响因素各异，从整体上看，伊犁柯尔克孜族城镇居民幸福感高于哈萨克族城镇居民。经过实地调研及访谈得知，首先可能与伊犁哈萨克自治州的民族分布情况有关，伊犁以哈萨克族为主体民族，在牧民定居工程中，优先实施的移民安置政策也主要以居住集中的哈萨克族群众为主，但是由于其人数众多，在均衡考虑各民族受益比例时，人数相对较少的柯尔克孜族会更快地享受到各种政策上的福利与待遇。

[①] 张毅：《新疆柯尔克孜族的人口状况、问题及对策》[J]，《西北人口》1996年第63期，第43~46页。

其次，柯尔克孜族和哈萨克族都信奉伊斯兰教，在精神追求方面具相似性，故而生活习惯和价值理念方面有很多相似之处，柯尔克孜族居民崇尚自由，追求闲适安逸的生活，比较注重家庭生活，对目前生活普遍较满意，幸福感就较强。

牧民定居工程给哈萨克族及柯尔克孜族居民带来福利的同时，也应该考虑惠及其他少数民族的城镇居民。这提示各级政府，应把提高居民幸福感作为执政的核心任务之一，紧紧围绕以人为本的执政理念，特别是提高各地州各少数民族居民的幸福感，对提升全疆城镇居民幸福指数具有重要意义。

第四节 新疆兵团少数民族城镇居民幸福感研究——以第八师为例

新疆生产建设兵团是新疆的重要组成部分，新疆生产建设兵团少数民族城镇居民幸福感与全疆少数民族城镇居民幸福感息息相关，研究兵团少数民族城镇居民幸福感可以从整体上把握新疆不同地区的幸福感状况，可以为全疆幸福感研究提供更具体的参考实例。为了更全面地了解新疆少数民族城镇居民幸福感的现状及影响因素，特以第八师少数民族城镇居民为研究对象，从人口统计学资料及生活满意度对团场少数民族居民的幸福感做具体研究，希望从这一个案出发，分析新疆兵团少数民族城镇居民幸福感现状，找出兵团少数民族居民幸福感的影响因素，完善全疆少数民族城镇居民幸福感研究数据，为幸福感视角下和谐新疆的构建提出合理的参考建议。

幸福感是人的一种主观感受，城镇聚合了地区整体发展的精髓，与居民的幸福感是互相作用的，在城镇化发展的影响之下，居民的幸福感会提升，在居民幸福感提升的过程之中，对本地的认同也会随之提升，更好地为城镇化建设服务。所以说，关注兵团少数民族居民幸福感能够更好地推进城镇化建设，同时城镇化建设的最终目标是促进居民幸福感的提升，两者是相互作用、互为促进的，兵团的城镇化建设与居民幸福感的提升并不矛盾。

一 影响第八师少数民族城镇居民幸福感的因素分析

在研究中先做人口统计学变量与幸福感的相关分析，探究不同人口变量特征的兵团城镇居民在幸福感上是否存在一定的差异。因此，本节利用 SPSS17.0 分析工具中的皮尔森相关法、均值和标准差来检验不同的人口变量如性别、年龄、受教育程度、家庭月收入以及不同婚姻状况在幸福感上是否存在显著差异。

由表 5-25 可知：在影响幸福感的几个主要因素中，性别和受教育程度在幸福感量表上的差异没有达到显著水平，性别与幸福感呈正相关，值为 0.052；受教育程度与幸福感呈负相关，值为 -0.144；年龄和婚姻状况在幸福感量表上的差异达到极显著并呈正相关关系，值分别为 0.371、0.262；家庭月收入在幸福感量表上的差异达到显著呈正相关，值为 0.074。

表 5-25　兵团少数民族城镇居民幸福感的影响因素

	性别	年龄	受教育程度	家庭月收入	婚姻状况
幸福感总分	0.052	0.371**	-0.144	0.074*	0.262**

注：*$P<0.05$，**$P<0.01$，***$P<0.001$。

（一）第八师少数民族城镇居民女性幸福感高于男性

第八师居民总体生活满意度得分为：5~9分特别不满意的占2.1%；10~14分不满意的占6.8%；15~19分不大满意的占23.4%；20分无所谓满意不满意的占14.1%；21~25分大体满意的占34.4%；26~30非常满意的占10.4%；31~35分对生活特别满意的占8.9%。第八师居民的幸福感平均得分为21.8分，对生活状态大体满意，距离特别满意还有一段距离，男性平均得分为21分，女性平均得分为22.76分，女性得分高于男性1.76分，见表5-26、表5-27。

表 5-26　第八师少数民族城镇居民幸福感在性别上的差异

分数区间	性别 男 计数(人)	男 百分比(%)	女 计数(人)	女 百分比(%)
5~9分	4	1.9	4	2.2
10~14分	22	11.1	4	2.2
15~19分	52	26.3	38	20.4
20分	14	7.1	40	21.5
21~25分	72	36.4	60	32.3
26~30分	22	11.1	18	9.7
31~35分	12	6.1	22	11.7
合计	198	100.0	186	100.0

注：双变量检验结果 $p=0.052$ 不存在显著差异。

表 5-27　性别对幸福感的影响

	男	女
幸福感平均得分	21.0±0.8	22.76±0.7

研究表明，不同性别在幸福感总量表上的得分都没有明显差异，这表明不同的性别没有对第八师少数民族城镇居民幸福感造成显著影响。在国内外的一些研究中，阿格勒的考察结果表明，在总体生活满意度和积极情感两方面性别差异的影响极小。近年来关于幸福感在性别上的差异的国外研究一致认为，"女性倾向于体验比男性更高水准的不愉快情感"。[①] Brody 和 Hall（1993）则认为，性别的老式论调包含了女性更加情绪化的观点，并且这种老式论调可能承担了"自我实现"式的预言的角色。[②] 因此当情绪出现时，女性更容易情绪化，进而影响对生活的满意度。

本研究得出的结果与西方学者的研究有所区别，男女两群体在幸福感上的得分差异未达到显著（$P=0.052$）。

（二）第八师少数民族城镇居民年龄在71岁及以上的幸福感最强

第八师居民按年龄分组幸福感得分为：青年期 21～30 岁年龄组占总样本的 27.5%，幸福感平均得分为 20.2 分；壮年期 31～40 岁年龄组占总样本的 24.7%，幸福感平均得分为 20.2 分；41～50 岁年龄组占总样本的 33%，幸福感平均得分为 22.6 分；中年期 51～60 岁年龄组占总样本的 7.1%，幸福感平均得

[①] 焦国成：《中西方幸福观的比较》[M]，中国人民大学出版社，1987，第 274～275 页。
[②] 冯俊科：《西方幸福论》[M]，吉林人民出版社，1992，第 126 页。

分为 23.57 分；老年期 61～71 岁及以上年龄组占总样本的 7.7%，幸福感平均得分为 26.2，详见表 5-28、表 5-29。

表 5-28　第八师少数民族城镇居民幸福感在年龄上的差异

	年龄 (周岁)		分数区间(分)					
			5～9	10～14	15～19	20	21～25	26～30	31～35
年龄区间	21～30	计数(人)	0	8	22	30	40	0	0
		百分比(%)	0	8	22	30	40	0	0
	31～40	计数(人)	0	8	36	12	34	0	0
		百分比(%)	0	8.9	40	13.3	37.8	0	0
	41～50	计数(人)	4	8	26	8	36	30	8
		百分比(%)	3.3	6.7	21.6	6.7	30	25	6.7
	51～60	计数(人)	0	0	0	4	18	0	4
		百分比(%)	0	0	0	15.4	69.2	0	15.4
	61～70	计数(人)	0	4	4	4	0	4	4
		百分比(%)	0	20	20	20	0	20	20
	71及以上	计数(人)	0	0	0	0	4	1	3
		百分比(%)	0	0	0	0	50	12.5	37.5

(注：双变量检验结果 p = 0.371** 存在极显著差异)

表 5-29　年龄对幸福感的影响

单位：岁

	21～30	31～40	41～50	51～60	61～70	71及以上
幸福感平均得分	20.02 ± 1.2	20.02 ± 1.1	22.6 ± 0.9	23.57 ± 1.4	26.2 ± 2.7	28.8 ± 1.6

国外研究者认为，"年龄与幸福感之间的关系可以形象地形容为剪不断理还乱"。[①] 年龄自幸福感出现在人们的视野里

---

① Mroczke D. k. and Kolazr, C. M., The Effect of Age on Positive and Negative Affect: A Development Perspective on Happiness [J], *Journal and Social Psycholyy*, 1998 (75): 1333-1349.

开始他们之间的关系就是研究者关注的话题之一。Wilson（1967）曾预测年龄对幸福感有不容忽视的影响，年轻人倾向于比老年人体验更多的快乐情绪。国外通过年龄对幸福感影响的研究，其结论大致可以分为两类：第一类，我们日常生活中的方方面面都会对幸福感产生影响，这些条件的变化趋势与我们的年龄增长成正比，随着年龄的增长在走下坡路，幸福感也在下降；第二类，我们控制情绪能力的高低与幸福感息息相关，随着年龄的增长、阅历的增多，这种控制力将会变得越来越强大。这种观点认为随着年龄的增长幸福感不降反升。但在实际研究中却难以得出一致的结论。

在本研究中发现，不同年龄组的居民在幸福感上存在极显著差异，其变化趋势是随着年龄的增长，幸福感逐渐增强。本研究发现在兵团城镇居民中，51岁以上的居民在生活满意度上明显高于其他年龄段群体，这与兵团完善的社会保障政策不无关系。

随着城镇化建设的深入推进，养老保险覆盖的范围和最低保障力度都在不断提高，兵团55岁以上这一居民群体，在离退休后都有比较稳定的较高收入，生活也得到了最基本的保障，辛苦了一辈子的老职工不用再为生计所累，有更多的时间、金钱享受生活，经过生活的历练他们能正确地看待生活，知足感恩。

21~40岁这一年龄段的居民群体的幸福感水平不高，这与他们所处的生活状况不无关系。这一群体同时面对家庭内部和外部的问题，过多的压力使他们长期体验较多的负面情绪，同时他们又必须解决好生活中的种种问题，致使其幸福感水平不高。

（三）第八师少数民族城镇居民受教育程度为小学的幸福感最强

按照兵团职工的文化程度特点将被试分为以下几组：未上过学、小学、初中、高中、大学专科、大学本科及以上。第八师居民在受教育程度分组上幸福感得分为：未上过学组占总样本的 5.7%，幸福感平均得分为 21.8 分；小学组占总样本的 14.6%，幸福感平均得分为 23.5 分；初中组占总样本的 31.3%，幸福感平均得分为 20.5 分；高中组占总样本的 30.2%，幸福感平均得分为 20.5 分；大学专科组占总样本的 12.5%，幸福感平均得分为 21.6 分；大学本科及以上组占总样本的 5.7%，幸福感平均得分为 18.8%，详见表 5-30、表 5-31。

表 5-30 第八师少数民族城镇居民幸福感在受教育程度上的差异

受教育程度	受教育程度分组		分数区间（分）						
			5~9	10~14	15~19	20	21~25	26~30	31~35
	未上过学	计数（人）	0	0	0	4	18	0	0
		百分比（%）	0	0	0	18.2	81.8	0	0
	小学	计数（人）	0	4	8	4	26	4	10
		百分比（%）	0	7.1	14.3	7.1	46.5	7.1	17.9
	初中	计数（人）	4	8	36	30	26	12	4
		百分比（%）	3.3	6.7	30	25	21.7	10	3.3
	高中	计数（人）	0	4	14	22	60	8	8
		百分比（%）	0	3.4	12.1	19	51.7	6.9	6.9
	大学专科	计数（人）	0	4	8	10	22	4	0
		百分比（%）	0	8.3	16.7	20.8	45.9	8.3	0
	大学本科及以上	计数（人）	0	6	4	5	4	0	0
		百分比（%）	0	27.3	18.2	22.7	18.2	13.6	0

注：双变量检验结果 $p = -0.144$，差异不显著。

表 5-31 受教育程度对幸福感的影响

	未上过学	小学	初中	高中	专科	本科及以上
幸福感平均得分	21.8±1.4	23.5±1.7	20.5±0.7	20.5±1.5	21.6±2.4	18.8±1.4

国内外研究得出两种结论：受教育程度与幸福感之间不存在任何联系；另一种与前一种相反，坚信二者之间存在某种联系，并致力于研究两者之间的联系方式和大小。[①] 前者认为，如果其他一切变量不计入内的话，那么受教育程度对幸福感的影响微乎其微，单从其自身来看可以忽略不计。Bradburn 等的研究也证实了，当不考虑其他因素时，受教育程度对幸福感的影响并不明显。后者认为，受教育程度对幸福感的影响天然存在着。一些国外研究者通过研究发现受教育程度是影响幸福感的主要因素之一，这种现象在女性身上表现得尤为明显。教育和幸福感之间确实存在某种联系。不过，近年来他们之间的联系正在缩小。

在本研究中不同教育程度组在幸福感上的得分差异并不显著。不同受教育程度对幸福感的体验不尽相同，但是幸福观的构成离不开个体理性的知识框架。不过，不同的受教育程度与其所分担的社会责任不同，教育程度越高，社会工作越多，其创造的社会财富会越多，但其面临的工作压力也越大，压力等的负性情感会影响个体的幸福感，这也符合美国一些学者的观点，即教育程度与幸福感呈负相关。

---

① 严标宾、郑雪：《主观幸福感研究综述》[J]，《自然辩证法通讯》2004 年第 2 期。

（四）第八师少数民族城镇居民家庭月收入在5501元及以上的幸福感最强

家庭收入指一定时期内家庭成员收入的总和，包括工资收入和其他一切合法收入。第八师居民在不同家庭收入分组上的幸福感得分情况：800元及以下组占总样本的7.8%，幸福感平均得分为20.75分；801～1500元组占总样本的20.4%，幸福感平均得分为21.9分；1501～2500元组占总样本的29.1%，幸福感平均得分为21分；2501～3501元组占总样本的23.3%，幸福感平均得分为21.57分；3501～4500元组占总样本的9.7%，幸福感平均得分为22.6分；4501～5500元组占总样本的3.9%，幸福感平均得分为22.75分；5501元及以上组占总样本的5.8%，幸福感平均得分为23.25，详见表5-32。

表5-32 家庭月收入对幸福感的影响

	800元及以下	801～1500元	1501～2500元	2501～3500元	3501～4500元	4501～5500元	5501元及以上
幸福感平均得分	20.75±2.4	21.9±1.6	21.0±0.4	21.57±0.5	22.6±2.4	22.75±1.5	23.25±0.8

长久以来在人们的思维中有这样一个等量关系：物质财富＝幸福。认为财富就代表着幸福。但实际情况真是如此吗？国外有大量研究证实了"收入在经济不发达地区与幸福感之间存在显著正相关关系，但是当经济水平达到一定程度后收入对幸福感的影响便不再那么显著"。[1] 同时越来越多的研究表明，

---

[1] 李焰、赵君：《幸福感研究概述》[J]，《沈阳师范大学学报》（社科版）2004年第2期。

收入对幸福感的影响力最大的时候是在人最需要钱的时候。我们可以这样理解金钱是获得幸福的保障，但不是幸福的全部。第八师情况与西方学者的研究结论相似，从调查中看出第八师经济发展水平虽在逐年上升，可是当地居民生活仍处在奔小康的路上，所以幸福感随着收入的增加而呈现持续走高的状态。

（五）第八师少数民族城镇居民已婚人士的幸福感强于未婚人士

第八师居民在不同婚姻状况下幸福感得分为：未婚组占总样本的22.4%，幸福感平均得分为21.08分；已婚组占总样本的77.6%，幸福感平均得分为22.08分，已婚者比未婚者幸福感得分高出1分，详见表5-33、表5-34。

表5-33 第八师少数民族城镇居民幸福感在婚姻状况上的差异

分数区间	婚姻状况			
	未婚		已婚	
	计数(人)	百分比(%)	计数(人)	百分比(%)
5~9分	0	0	2	0.7
10~14分	12	14	20	6.7
15~19分	22	25.6	70	23.5
20分	14	16.4	44	14.8
21~25分	22	25.6	104	34.95
26~30分	8	9.3	32	10.7
31~35分	8	9.3	26	8.7
合计	86	100	298	100

注：双变量检验结果 $p=0.262^{**}$，差异极显著。

表5-34 婚姻状况对幸福感的影响

	未婚	已婚
幸福感平均得分	21.08±1.8	22.08±1.7

相关研究中 Stock 与 Okun[①] 等的研究表明一个人的婚姻状况对幸福感有显著的影响，其影响的变化方式是有婚姻者比无婚姻者幸福，但其影响力比较微弱。在本研究中得出的结论与西方学者大致相同，婚姻对幸福感有影响并达到显著水平。从研究结果来看有无婚姻与幸福感成正比，已婚群体享有较高的幸福感。在社会生活中人以婚姻的形式组成家庭，家庭是社会有机体的细胞，一个人的婚姻质量在很大程度上影响一个人的工作和生活，高品质的婚姻有助于身心健康和事业发展，幸福生活也源自于此。有婚姻者的组群在幸福感得分上要高于无婚姻者的组群。在调查中，我们发现许多已婚人士对自己的婚姻质量评价都很高，满意度达到了82.6%。

二 第八师少数民族城镇居民幸福感研究结论

幸福感日益成为一个人衡量其生活质量高低的重要标杆，同时也是社会发展的终极目标。民众幸福与否是一个国家做任何决策前首先要考虑的问题。因而在城镇化建设的进程中，我们关注幸福感就是关注整个国家的发展状况，幸福感是反映社会是否良性运转的风向标，可以为社会政策调整提供重要的依据。幸福感是一种信号，关注兵团少数民族城镇居民幸福感，关注民生，才能有效推进兵团城镇化的建设。

---

① Stock W. A. Okun M. A. and Haring M. J. Age and Subjective Well-Being: A Meta-Analysis [J], *Evaluation Studies: Review Annual*, 1983 (8): 279–302.

（一）经过本次实地调查，得出经济发展满意度、与居住条件满意度和社会环境满意度是影响居民幸福感的主要因素。

（二）第八师少数民族城镇居民幸福感平均得分为21.8分，现处于中等（20分）偏上水平，女性得分略高于男性。男性和女性在幸福感上不存在显著差异，表明性别不是影响第八师少数民族城镇居民幸福感的主要因素。

（三）兵团少数民族城镇居民幸福感在年龄、家庭月收入和婚姻状况三个变量上，不同分组的组群其幸福感存在显著差异。

（四）受教育程度在幸福感上不存在显著差异，但从变化趋势上可以看出居民幸福感没有随着其受教育程度的提高而上升，受教育程度与幸福感呈负相关。

三 小结

通过文献研究我们可以得出这样一个结论：影响人幸福感的因素不是一成不变的，而是随着社会发展的变化而变化的。我国目前处于并且将长期处于社会主义初级阶段，兵团也不例外。在当前的发展阶段，物质生活的变化将直接导致居民幸福感的变化，二者之间存在显著的正相关关系：即居民的幸福感随着财富的增加而增加，随之减少而减少。历史已经证明，实现城镇化是世界上包括中国在内的所有国家和地区走向现代化的必由之路。在兵团城镇化建设的过程中，关注幸福感也就是关注城镇化建设的本身，只有关注了居民的幸福感，我们才能更加了解社会的变化，更加了解居民需要的是什么，如何才能给居民提供其真正想要的生活，只有贴近实际，走近居民生活，兵团城镇化建设才能达到双赢，才会促进兵团少数民族城镇居民幸福感的提升。

第五节　新疆维吾尔族大学生幸福感研究概述

维吾尔族大学生是新疆少数民族城镇居民的有生力量，是少数民族中的优秀分子，是高素质人才，是建设新疆的主力军。由于维吾尔族大学生汉语水平较高，对汉语的理解能力较强，对问题的认知能力较其他群体更深入，因而对新疆维吾尔族大学生幸福感的研究，可以采用更深入更系统的研究方式，本节主要从社会支持、幸福认知和学业成就3个方面来深入探究维吾尔族大学生的幸福感。研究维吾尔族大学生的幸福感，对评估新疆少数民族心理健康教育、少数民族人才培养质量、少数民族教育质量等提供有益的视角，培养具有幸福感的少数民族大学生将对构建和谐的民族关系及促进新疆的稳定与长远发展有重要的意义。

一　研究的结论

维吾尔族大学生的总体幸福感状况良好；维吾尔族大学生的人生追求体现在自我价值和目标追求两个方面。社会支持、幸福认知和学业成就是影响维吾尔族大学生幸福的重要因素。

二 幸福认知对维吾尔族大学生幸福感的影响

幸福认知影响维吾尔族大学生的幸福感。研究表明：幸福认知与幸福感呈正相关。幸福认知与幸福感的相关系数为：幸福认知（r = 0.290，$P < 0.01$）；幸福认知的维度与幸福感的相关系数为：目标幸福（r = 0.372，$P < 0.01$）、精神幸福（r = 0.193，$P < 0.01$）、趋利幸福（r = 0.166，$P < 0.01$）、利他幸福（r = 0.159，$P < 0.01$）。研究表明：目标幸福对幸福感的影响，即把幸福理解为目标和理想的实现，与幸福感的相关性最高，可见，对目标的追求和实现理想是追求幸福的关键。理想和目标是人获得幸福的重要因素；精神幸福对幸福感的影响，即把幸福理解为精神的丰满和自我价值的实现，即对精神的追求和自我价值的实现是追求幸福感的重要因素；趋利幸福对幸福感的影响，即趋向利益避开伤害就是幸福。趋利和避伤是人的本能，也是对幸福感的理解和认知；利他幸福对幸福感的影响，即被他人需要和精神的轻松就是幸福，利他是通向幸福的桥梁，是追求幸福和感受幸福的必需；物质幸福即物质生活的满足，虽是幸福认知但与幸福感不相关。幸福认知对幸福感的影响如图 5 – 1。

三 社会支持、学业成就是影响维吾尔族大学生幸福感的重要因素

维吾尔族大学生幸福感与社会支持、自我效能、幸福认知、学业成就、学业归因、四个认同、亲密关系、性格满意

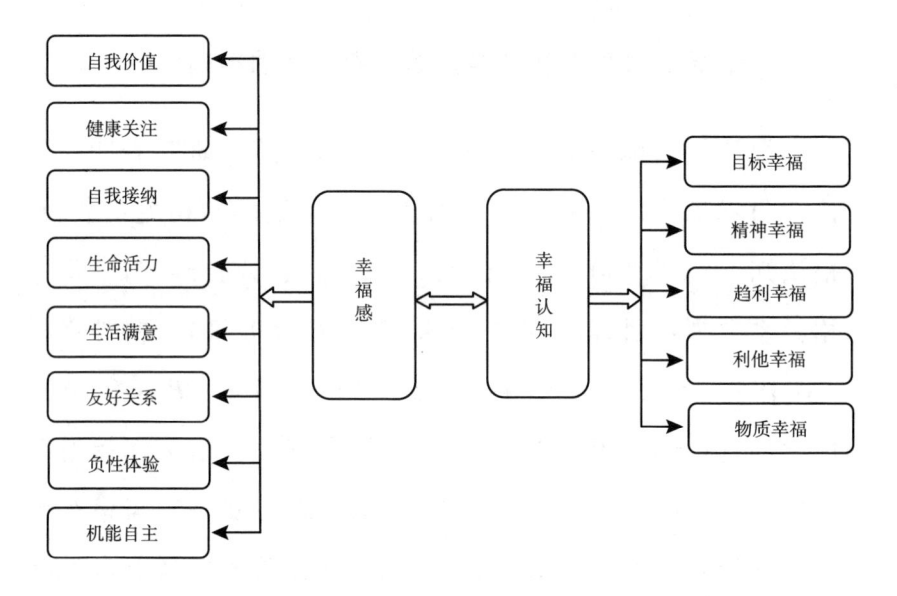

图 5-1 维吾尔族大学生幸福认知对幸福感的影响

呈正相关。幸福认知影响幸福感，同时影响目标定位和自我期望，目标定位和自我期望是通过影响幸福认知从而影响幸福感。教育环境如：社会教育环境、学校教育环境、家庭教育环境，影响幸福认知和幸福感。维吾尔族大学生的幸福感影响因素及其相互关系如图 5-2。

（一）维吾尔族大学生幸福感的影响因素及权重

幸福感的影响因素依相关系数大小，依次为：

领悟社会支持（$r=0.372$，$P<0.01$）包括：宿舍关系满意（$r=0.121$，$P<0.01$）、师生关系满意（$r=0.105$，$P<0.01$）、人缘满意（$r=0.090$，$P<0.01$）、他人支持（$r=0.331$，$P<0.01$）、家庭支持（$r=0.308$，$P<0.01$）、朋友支持（$r=0.292$，$P<0.01$）；

幸福认知（$r=0.290$，$P<0.01$）包括：目标幸福（$r=$

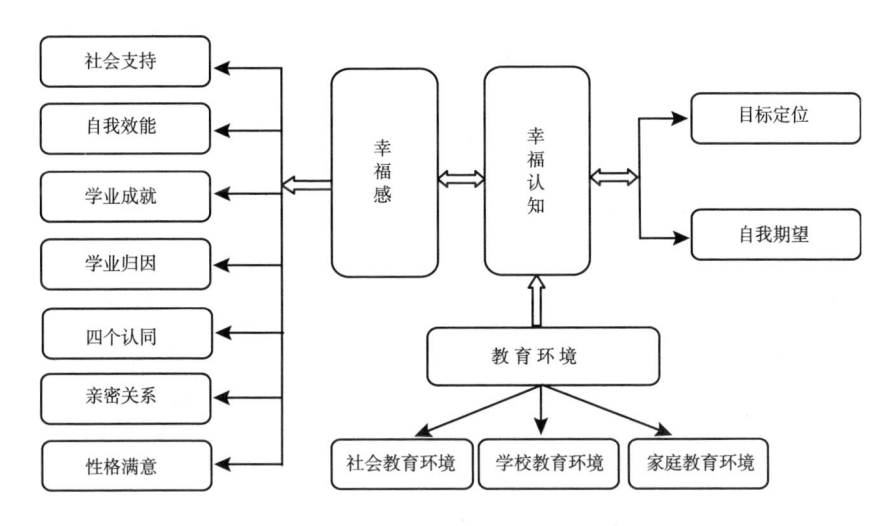

图 5-2 维吾尔大学生幸福感的影响因素

0.372，$P<0.01$）、精神幸福（$r=0.193$，$P<0.01$）、趋利幸福（$r=0.166$，$P<0.01$）、利他幸福（$r=0.159$，$P<0.01$）；

自我效能（$r=0.196$，$P<0.01$）；

学业归因包括：正性归因（$r=0.182$，$P<0.01$）、负性归因（$r=0.093$，$P<0.01$）；

"四认同"（$r=0.146$，$P<0.01$）；

学业成就包括：专业满意（$r=0.139$，$P<0.01$）、学业成绩满意（$r=0.120$，$P<0.01$）、汉语成绩满意（$r=0.091$，$P<0.01$）、外语及计算机成绩满意（$r=0.88$，$P<0.01$）；

亲密关系（$r=0.114$，$P<0.01$）；

性格满意（$r=0.087$，$P<0.01$）；

影响维吾尔族大学生幸福感的主要因素有社会支持、幸福认知、自我效能、学业归因、"四认同"、学业成就、亲密关系、性格满意。

(二) 维吾尔族大学生幸福感的影响因素分析

1. 自我价值和目标的实现是维吾尔族大学生对幸福人生的追求

自我价值作为维吾尔族大学生幸福感的维度，表达了为社会做贡献从而达到实现自我价值的倾向性，与维吾尔族大学生幸福感的相关系数最高（0.860），是维吾尔族大学生幸福感的最重要的维度。目标幸福作为幸福认知的维度，表达了幸福是目标和理想实现的幸福观，与维吾尔族大学生幸福认知的相关系数最高（$r=0.372$，$P<0.01$）。研究表明维吾尔族大学生的幸福感源于对自我价值的实现和对目标、理想的追求。

2. 领悟社会支持和学业成就是影响维吾尔族大学生幸福的重要因素

美国大学生的幸福感受学业成就和亲密关系的影响。本研究得出维吾尔族大学生的幸福感受社会支持、幸福认知和学业成就的影响。

社会支持是影响维吾尔族大学生幸福感的重要因素。社会关系具有社会支持作用。社会支持可以提供物质或信仰的帮助，增加人们的喜悦感、归属感，提高自尊心与自信心。维吾尔族大学生正处求知阶段，他们的幸福感受社会支持的影响最大。社会支持和学业成就是影响维吾尔族大学生幸福感因素中最重要的因素。师生关系满意、同宿舍关系满意、人缘好的维吾尔族大学生更幸福。人际关系是社会支持的重要部分，良好的师生关系和同学关系是维吾尔族大学生幸福的重要因素。汉族朋友的多少对维吾尔族大学生幸福感有影响：有较多汉族朋友的维吾尔族大学生在幸福认知、目标幸福、利他幸福、精神幸福、社会支持、"四认同"等影响因素的得分高于没有汉族朋友或有较少汉族朋友的维吾尔族大学生。

幸福认知影响维吾尔族大学生幸福感。维吾尔族大学生幸福感受幸福认知的影响（$r=0.290$，$P<0.01$）。其中幸福认知的维度：目标幸福（$r=0.372$，$P<0.01$）、精神幸福（$r=0.193$，$P<0.01$）、趋利幸福（$r=0.166$，$P<0.01$）、利他幸福（$r=0.159$，$P<0.01$）与维吾尔族大学生幸福感相关度均较高。结果表明，幸福认知是影响维吾尔族大学生幸福感的重要因素。如维吾尔族大学生学生干部和学生党员的幸福认知不同于普通同学，他们认为幸福是成就感与自豪感。维吾尔族女生认为学习好，孝敬父母，让父母满意是幸福，将来有一份好工作，找个好爱人是幸福。她们更加追求精神幸福和利他幸福。而维吾尔族男生对幸福的认知除了学习成绩好以外，更注重物质幸福、自我效能的提高。他们的负性情绪也多于女生。

学业成就是影响维吾尔族大学生幸福感的重要因素。学业成就是大学生这个阶段的主要任务，在学业成绩满意、专业成绩满意、汉语水平满意、汉语的听说读写能力、计算机及外语成绩满意等与维吾尔族大学生幸福感的相关系数高。本研究的学业成就是指对学业成绩的满意度，不是单纯的学习成绩，学习成绩好的维吾尔族大学生对生活满意度高，学习成绩差的维吾尔族大学生对物质幸福的追求更高，同时负性体验高。学业成就与维吾尔族大学生幸福感呈正相关。

3. 目标和期望影响维吾尔族大学生幸福感

维吾尔族大学生幸福感受自己确定的目标和期望所影响。根据目标理论和期望理论，确定的目标和期望与实际的差距和内心的感受影响幸福感。毕业班和大一的大学生最幸福，大一的维吾尔族大学生实现了考入大学的奋斗目标，毕业班的维吾尔族大学生已经实现了完成大学学业的目标，他们感到很幸福。

对于维吾尔族大学生干部和党员来说，他们给自己定的目标高于普通大学生，除了和普通同学一样期望成绩好，让父母满意外，学生党员和学生干部期望得更多更高，他们期望得到老师的认可，得到同学的支持。期望拿到奖学金，期望自己比其他同学更优秀。这些目标和期望都需要他们付出更多的努力。高目标和期望使"优秀"的维吾尔族大学生承受更多成长的烦恼和压力，但是他们接纳这种成长压力，维吾尔族大学生干部的自我接纳高于非学生干部的维吾尔族大学生。非学生干部的维吾尔族大学生比学生干部更幸福，具有更高的自我价值、健康关注和生命活力。

4. 教育与环境影响维吾尔族大学生幸福感

人是环境的产物[①]，教育环境对维吾尔族大学生幸福感也产生影响。"民汉合校""民考民""民考汉"等新疆少数民

[①] 法国罗伯特·欧文提出人是环境的产物的思想，具体思想：用优良的环境代替不良的环境是可以使人由此洗心革面、清除邪恶，变成明智的有理性的善良的人；从出生到死亡始终苦难重重，是否能够使其一生仅为善良和优良的环境所包围，从而把苦难变成幸福的优越生活。

族教育政策，体现了国家对少数民族教育的重视，同时体现了教育资源的配置。城市与农村属于不同成长环境，石河子大学和新疆大学处于不同的教育环境，父母文化程度不同，家庭教育环境不同。不同环境的教育资源不同，教育效果也就不同。结果表明：教育政策对维吾尔族大学生幸福感产生影响。高考前就读于"民汉合校"的维吾尔族大学生在友好关系、目标幸福、利他幸福、正性归因、社会支持、"四认同"方面的得分都高于在"民族学校"就读的维吾尔族大学生；高考前在"民族学校"就读的维吾尔族大学生的自我效能和亲密关系高于在"民汉合校"就读的维吾尔族大学生；"民考民"的维吾尔族大学生的目标幸福、物质幸福、趋利幸福得分均高于"民考汉"的维吾尔族大学生。"民考汉"的维吾尔族大学生的自我效能和亲密关系高于"民考民"的维吾尔族大学生。石河子大学的维吾尔族大学生在自我价值、健康关注、生命活力、自我接纳、精神幸福、目标幸福、"四认同"等方面都高于新疆大学的维吾尔族大学生；新疆大学的维吾尔族大学生在自我效能、正性归因方面则高于石河子大学的维吾尔族大学生。

成长环境对维吾尔族大学生幸福感产生影响。受成长环境的影响，来自城市的维吾尔族大学生比农村的维吾尔族大学生幸福。来自城市的维吾尔族大学生对生活更加满意，对自己更接纳，具有更多的社会支持和友好关系，在幸福认知、物质幸福、利他幸福、趋利幸福的得分都高于来自农村的维吾尔族大学生。在城市生活的维吾尔族大学生受到城市环境与文化的影响，城市文化的影响以及享受的优质教育资源对来自城市的维吾尔族大学生的幸福认知产生的影响不同于来自农村的维吾尔族大学生，他们处理自己和社会，自己和他人的关系更加理性，更多地利他，也更多地利己，呈现出利他与利己的统一。

家庭环境对维吾尔族大学幸福感产生影响。父亲、母亲的文化程度影响维吾尔族大学生幸福感：父母亲文化程度为大专及大专以上的维吾尔族大学生精神幸福和社会支持得分最高；父母亲文化程度为文盲的维吾尔族大学生的自我效能最高，有较高的负性体验和负性归因。父母文化程度高的维吾尔族大学生的学业成绩满意度较高。学习成绩好的维吾尔族大学生生活满意度高，学习成绩差的维吾尔族大学生更注重物质幸福，负性体验高。

5. 拥有较好教育资源的维吾尔族大学生更幸福

城市的教育资源比农村好，"民汉合校"的教育资源比"民族学校"的好，父母文化程度高的比文化程度低的家庭教育资源好。研究表明来自城市的维吾尔族大学生、高考前在"民汉合校"就读的维吾尔族大学生、父母文化程度高的维吾尔族大学生、拥有较多汉族朋友的维吾尔族大学生都有着较高的幸福认知，幸福感较强。

6. 家庭收入影响维吾尔族大学生幸福感

家庭收入与维吾尔族大学生幸福感呈弱相关。家庭收入为501~1000元的维吾尔族大学生物质幸福得分最高，收入5000元以上者得分最低。家庭收入为501~1000元的维吾尔族大学生趋利幸福得分最高，收入为 201～300 元者得分最低。

四 维吾尔族大学生幸福感认知受伊斯兰文化的影响

本研究显示幸福认知与幸福感呈正相关，维吾尔族大学生幸福感认知受伊斯兰文化的影响，维吾尔族大学生认为幸福的第一要素是孝敬父母。这是伊斯兰教规定子女对父母的义务[①]，即尊敬、服从、报答。欠父母的恩惠无法报答，但只要真心实意，尽心尽力，尽到自己的责任就可以了。所谓尽力，就是以自己全部的精力、智慧、财物，以言语和实际行动来取悦父母，侍奉父母。

本研究表明幸福是认知与感受的统一，是快乐与意义的统一，是利他与利己的统一，是物质与精神的统一，是知足与知不足的统一。

（一）幸福是认知与感受的统一

本研究表明幸福认知包括：目标幸福，即目标和理想的实现就是幸福。物质幸福，即物质生活满足就是幸福。利他幸福，即利他和淡泊就是幸福。精神幸福，即精神的丰满和自我价值的实现就是幸福。趋利幸福，即趋向利益避开伤害就是幸福。

有什么样的认知就会有什么样的感受，维吾尔族大学生的幸福认知受学生受教育程度、环境、生源、父母文化程度、不同学校等影响呈现出差异性。如："民考汉"维吾尔族大学

---

① 努尔曼·马贤、伊卜拉欣·马效智：《伊斯兰伦理学》[M]，宗教文化出版社，2005，第 228 页。

生和党员大学生的目标幸福、利他幸福、精神幸福高于"民考民"维吾尔族大学生和非党员大学生。城市维吾尔族大学生利他幸福和趋利幸福得分都高于农村维吾尔族大学生。表现出利己和利他的统一。父亲文化程度为文盲的维吾尔族大学生的物质幸福得分最高,父母亲文化程度高的维吾尔族大学生更加注重追求精神幸福。石河子大学的维吾尔族大学生目标幸福和精神幸福最高,新疆大学生的维吾尔族大学生次之,塔里木大学的维吾尔族大学生最低;塔里木大学的维吾尔族大学生利他幸福得分最高。由此可以看出,不同学校的教育使学生对幸福的认知呈现出差异性。维吾尔族大学生对目标幸福、精神幸福和利他幸福以及物质幸福因学校不同而呈现出差异性。

同时,认知幸福与苦难都是对生命的强烈体验,感悟幸福与苦难相伴而生,幸福是相对的。康德说过:"各人究竟认为什么才是自己的幸福,那都由各人自己所独具的快乐之感和痛苦之感来定,而且甚至在同一主体方面由于他的需要也随着感情变化而参差不齐,因而他的幸福概念也随他的需要而定。"[1]

(二) 幸福是快乐与意义的统一

本研究表明,维吾尔族大学生幸福感是目标幸福和精神幸福的统一,也就是快乐和意义的统一。目标幸福,即幸福是目标和理想的实现,包含个体对自我实现的满足感。"幸福

---

[1] 温克勒:《论康德对"幸福论"论理学的批判》[J],《天津大学学报》(哲社版)。

是人的自由全面的发展""幸福是社会实现自由、平等、共富""为高尚理想奋斗是最大的幸福"。精神幸福,即幸福是精神的丰满和自我价值的实现,"快乐就是幸福""德行和智慧是人生的真幸福"。

维克多·弗兰克认为,人类意志力的原动力来源于意义,而不是快乐。他说:"人类最大的动力来源于对生命意义的追求。","人类需要的不是没有挑战的世界,而是一个值得他去奋斗的目标。我们需要的不是免除麻烦,而是发挥我们真正的潜力。"幸福是快乐和意义的统一,只有快乐不足以达到幸福的境界,同样只有目标也不够。无论目标怎么伟大,长期做一件事是非常困难的,如果在过程中没有快乐,便很难坚持目标。幸福不只是有意义。我们需要意义,也需要快乐。需要现在获益,也需要未来获益。弗洛伊德认为追求快乐是人类的本能。在对幸福的追求中,如果想要一个充实而幸福的生活,就必须去追求快乐和意义的价值。

(三)幸福是利他与利己的统一

本研究显示,维吾尔族大学生幸福感是利他与利己的统一。利己幸福,就是利己目的得到实现的幸福,即一生具有重大意义的需要、欲望、目的得到实现后,内心产生愉悦。利他幸福意为利他和淡泊即是幸福。"被他人需要是幸福""平平淡淡就是幸福"。利他幸福,就是利他目的得到实现,即通过自己的努力使某人或某些人的需要得到满足、困难得到解决、目的得到实现,从而使他人也感到满足和快乐。趋利幸福,趋向利益避开伤害既是幸福,"人不为己,天诛地灭""趋乐避苦是人的天性""快乐就是幸福"。研究显示"民考汉"的维吾尔族大学生和党员大学生的目标幸福、利他幸福、精神幸福高于"民考民"的维吾尔族大学生和非党员大学生。城市维吾尔族大学生利他幸福和趋利幸福得分都最高。表现出利己和利他的统一。这与伊斯兰教伦理中的幸福感是一致的。伊斯兰教的幸福是利己幸福和利他幸福的紧密联系。一个穆斯林,要重视履行"代主治世"的神圣职责,必须重视对社会幸福的追求,善于在实现社会整体幸福的过程中实现个人幸福,必要时或多或少地牺牲个人的幸福。先知有段非常著名的言论:"人若不为自己的兄弟渴望他为自己而渴望的东西,就不是真正的穆民。"考虑他人幸福,考虑群体、民族、社会的整体幸福,是伊斯兰伦理中应有之义。

(四) 幸福是物质与精神的统一

本研究显示:维吾尔族大学生幸福认知维度包括物质幸福与精神幸福的统一。物质幸福意为:物质生活满足即是幸福,"物质幸福高于一切""财富和收入越多人越幸福"。精神幸福意为精神的丰满和自我价值的实现是幸福,"快乐就是幸福""德行和智慧是人生的真幸福"。既然人的需求包含物质和精神两个方面,那么在满足物质需求的同时,应当追求精神生活,尤其是当具备必要的生活条件之后,更应当重视精神生活的品位。没有什么比精神生活的空虚更为痛苦、更为可怜的了。充实的精神生活是人生幸福中极为重要的因素。物质需求是引发幸福的条件,或者说是幸福得以产生的基础。谁也无法否认,生命的维持、人格的完整、尊严的存在、潜能的发挥、事业的成就、生活的美好都需要一定的物质条件为基础。没有一定的物质生活条件自然没有真实完整意义上的幸福，但有了一定的物质生活条件未必就有幸福。

（五）幸福是知足与知不足的统一

知足者常乐已经被人们所接受，但是知足能常乐吗？研究者认为知足并知不足方能常乐。特别是对维吾尔族大学生这个特殊的群体，他们正在求知，只知足不利于积极进取，只知不足看不到自信。维吾尔族大学生在这一点上的认识比较清晰，既看到自己的优势，又看到自己的劣势，既对拥有的满足，又为期待的目标努力方能常乐。同时进行适当的比较，不比较不知道强弱，不比较不知道优劣，过度盲目的比较只能徒增失落，适当的比较可以激发人的斗志，和自己各方面相当的人比较，或者是稍有优势的人比较，观察其他通过不断努力成功实现与你相似目标的人，多想自己的优点而不是缺点，相信自己能获得成功，激发自己奋斗的动力。维吾尔族大学生会做适当的比较，他们会和自己差不多的人比较，比自己强一点儿的人是他们的比较对象。

第六章
新疆少数民族城镇居民幸福感的影响因素分析

在第四章第一节和第二节内容中,用多元逐步回归分析已发现人口统计学资料中,居住隶属地、家庭居住地、政治面貌、受教育程度、家庭人数、家庭月收入是影响新疆少数民族城镇居民幸福感的重要因素。生活满意度各维度中经济发展状况和当地人情味状况是影响新疆少数民族城镇居民幸福感的重要因素。本章节将从影响幸福感的客观因素与主观因素出发,对上述影响因素作一分类整理,深入探讨各因素是如何影响新疆少数民族城镇居民幸福感,以便找出解决措施,对症下药。

第一节　新疆少数民族城镇居民幸福感的人口统计学影响因素的差异分析

一　居住隶属地是新疆少数民族城镇居民幸福感的重要影响因素

将收集到的样本按居住隶属地分为9组,分别为昌吉州、喀什、阿克苏、巴音郭楞蒙古自治州、伊犁哈萨克自治州、博尔塔拉蒙古自治州、和田、克孜勒苏柯尔克孜自治州及其他地区组，由于其他地区样本量过少，故在此不做讨论。由表6-1可见，进行单因素方差分析，7个组间有显著性差异（$P<0.01$），具有统计学意义。其中昌吉州组少数民族城镇居民幸福感得分显著高于其他组（$P<0.01$），和田组少数民族城镇居民幸福感得分最低（$P<0.01$）。昌吉州组样本量为650人、喀什组样本量为141人、阿克苏组样本量为277人、巴音郭楞蒙古自治州组样本量为410人、伊犁哈萨克自治州组样本量为726人、博尔塔拉蒙古自治州组样本量为411人、和田组样本量为127人。

表6-1　新疆少数民族城镇居民幸福感居住隶属地差异分组比较

组别	项　目	幸福感问卷总分	LSD	F值	P值
居住隶属地	①昌吉州（$n=650$）	24.19±6.36			
	②喀什（$n=141$）	18.84±2.70			
	③阿克苏（$n=277$）	15.75±6.48	①/② ①/③ ①/④ ①/⑤ ①/⑥ ①/⑦ ①/⑧		
	④巴音郭楞州（$n=410$）	19.89±3.45	②/③ ②/④ ②/⑤ ②/⑥ ②/⑦		
	⑤伊犁州（$n=726$）	18.04±5.53	③/④ ③/⑤ ③/⑥ ③/⑧		
	⑥博尔塔拉州（$n=411$）	21.70±4.83	④/⑤ ④/⑥ ④/⑦		
	⑦和田（$n=127$）	15.46±4.86	⑥/⑦ ⑥/⑧		
	⑧克孜勒苏州（$n=26$）	18.15±6.05	⑦/⑧	83.13	0.00

由表6-1可知，按新疆少数民族城镇居民居住隶属地差异分组比较，每个地区幸福感均有差异，其中，和田地区少数民族居民幸福感最弱，幸福感得分仅为15.46±4.86，其次得分较低的为阿克苏地区，幸福感得分为15.75±6.48。由于和田地区深处新疆西部，自然条件相对恶劣，经济发展速度缓慢，交通不发达，居民生活满意度较低，幸福感不强。

在和田地区访谈时接触到一位来西部当志愿者的河南大学生周同学，作为选调生的他在和田地区工作近一年，他说和这里的人接触之后发现大家的受教育程度比较低，观念比较落后，掌握的汉语水平低，交流起来比较困难，加上这里经济欠发达，交通不便利，人穷志短，有好东西大家容易哄抢。

同为南疆三地州的克孜勒苏柯尔克孜自治州及喀什地区的少数民族城镇居民幸福感水平均低于全疆少数民族城镇居民幸福感平均水平。南疆三地州一直是新疆乃至全国关注的重点扶贫地区，国家和自治区每年都对南疆三地州投入大量资金，以改善其经济发展落后状况，提高交通便利程度，提升居民生活水平，提高该地州居民的生活满意度，加强居民幸福感体验。

昌吉回族自治州的居民是全疆少数民族居民中幸福感最强的，昌吉州地处天山北坡经济带的核心区域，紧邻乌鲁木齐，经济发展机会多，发展迅速，昌吉州还是回族的主要聚居区，回族的幸福感得分位居全疆首位，综合考量，昌吉州回族城镇居民的幸福感较强。

二 家庭居住地是新疆少数民族城镇居民幸福感的重要影响因素

将收集到的样本按家庭所在地分为 5 组，分别为市（区）、县、团场、城镇、连队 5 组。由表 6-2 可见，进行单因素方差分析，5 个组间有显著性差异（$P<0.01$）。其中市（区）组少数民族城镇居民幸福感得分显著高于其他地区组（$P<0.01$），连队组得分最低（$P<0.01$）。市（区）组样本量为 1698 人、县组样本量为 819 人、团场组样本量为 214 人、城镇组样本量为 636 人、连队组样本量为 117 人。市（区）组与其他 4 组之间幸福感得分均有显著相关，具有统计学意义。

表 6-2 新疆少数民族城镇居民幸福感家庭所在地差异分组比较

组别	项 目	幸福感问卷总分	LSD	F 值	P 值
家庭所在地	①市（区）($n=1698$)	21.40 ± 6.32			
	②县($n=819$)	19.21 ± 5.24			
	③团场($n=214$)	19.40 ± 4.48			
	④城镇($n=636$)	19.19 ± 6.26			
	⑤连队($n=117$)	18.27 ± 3.52	①/② ①/③ ①/④ ①/⑤		
	总数($n=3484$)	20.25 ± 6.00		32.11	0.000

生活在市（区）的少数民族城镇居民幸福感最强，这都得益于市（区）经济发展较之县、团场等区域的速度较快，程度较高，交通便利，社会资源配置较合理，医疗、教育等各项保障设施较完备，居民生活便利，生活满意度高，幸福

感也强。

一位从团场到阿克苏市区打工的郑某（25岁）阐述了自己在城市打工的感想，当问及以后想在哪里安居的时候，他毫不犹豫地选择了市（区），他说市（区）经济发展快，交通也方便，就业机会也多，比在团场的选择要多，为了以后孩子的教育，他希望能找到一份稳定的工作安定下来。在市（区）里，医疗条件也好，以前在团场生了病会受很多折磨，团场医院医疗条件差，生病了不能得到及时有效的治疗，所以以后还是努力在市（区）定居下来。

三 政治面貌是新疆少数民族城镇居民幸福感的重要影响因素

将收集到的样本按政治面貌分为4组，分别为中共党员、民主党派、无党派人士、群众4组。由表6-3可见，进行单因素方差分析，4个组间有显著性差异（$P<0.01$）。其中群众组少数民族城镇居民幸福感得分显著高于其他地区组（$P<0.01$），连队组得分最低（$P<0.01$）。市（区）组样本量为1698人、县组样本量为819人、团场组样本量为214人、城镇组样本量为636人、连队组样本量为117人。市（区）组与其他4组之间幸福感得分均有显著相关，具有统计学意义。

由数据可知，少数民族城镇居民的政治面貌为群众的幸福感得分最高，其次为无党派人士。中国共产党是各民族利益的代表者，要贯彻全心全意为人民服务的宗旨。作为少数民族党员，更要严格要求自己，在工作中要起到先锋模范的

表6-3 新疆少数民族城镇居民幸福感政治面貌差异分组比较

组别	项目	幸福感问卷总分	LSD	F值	P值
政治面貌	①中共党员($n=775$)	19.60 ± 6.65			
	②民主党派($n=62$)	18.61 ± 5.49	①/④		
	③无党派人士($n=484$)	19.93 ± 4.95	②/④		
	④群众($n=2163$)	20.60 ± 5.95	③/④		
	总数($n=3484$)	20.25 ± 6.00		7.60	0.00

作用，要勇于承担责任，搞好民族团结，一心一意为老百姓做事情，在工作和生活中承担着更大的压力，使得他们的生活满意度降低，继而影响其幸福感的增强。

新疆是多民族文化融汇交流的地方，以维吾尔族、回族和哈萨克族为主的少数民族主要信奉伊斯兰教，而中共党员要求是唯物主义者，国家实行宗教信仰自由政策，所以新疆少数民族城镇居民政治面貌大多以群众为主，而信仰对于少数民族的精神文化有重要的影响。在与一位73岁的维吾尔族大爷热合买提交谈时，问及他现在幸福吗？他说现在很幸福，所有的东西都是真主赐予他的，他现在年纪虽然大了，但是身体还很好，吃的、住的、用的都很满意。

四 受教育程度是新疆少数民族城镇居民幸福感的重要影响因素

将收集到的样本按受教育程度分为6组，分别为未上过学、小学、初中、高中（含中专、职高）、大学专科、大学本科及以上6组。由表6-4可见，进行单因素方差分析，6

个组间有显著性差异（$P<0.01$）。其中大学专科组少数民族城镇居民幸福感得分显著高于其他组（$P<0.01$），小学组得分最低（$P<0.01$）。未上过学组样本量为 220 人、小学组样本量为 438 人、初中组样本量为 816 人、高中（含中专、职高）组样本量为 890 人、大学专科组样本量为 641 人、大学本科及以上组样本量为 479 人。

表 6-4 新疆少数民族城镇居民幸福感受教育程度差异分组比较

组别	项目	幸福感问卷总分	LSD	F 值	P 值
受教育程度	①未上过学($n=220$)	19.77 ± 5.51			
	②小学($n=438$)	19.14 ± 5.84	①/⑤		
	③初中($n=816$)	19.42 ± 5.67	②/④ ②/⑤ ②/⑥		
	④高中(含中专、职高)($n=890$)	20.26 ± 5.70	③/④ ③/⑤ ③/⑥		
	⑤大学专科($n=641$)	22.28 ± 6.47	④/⑤		
	⑥大学本科及以上($n=479$)	20.17 ± 6.16	⑤/⑥		
	总数($n=3484$)	20.25 ± 6.00		7.60	0.00

由调查数据可知，受教育程度为大学专科的少数民族城镇居民幸福感最强。中外对受教育程度与幸福感的关系存在两种观点：一种观点认为受教育程度与幸福感之间存在着某种必然的因果关系。坎贝尔（1976）通过研究得出教育会对幸福感产生一定的影响，实际情况是这种影响在男性身上不如女性身上突出。[1] 有学者试图研究教育对幸福感的影响是如

---

[1] A. Campbell., Subjective Measures of Well-being, *American Psychologist*, Vol. 31, 1976, pp. 117-124.

何进行的。如欧昆（1984）等用多元分析方法研究时发现，教育是通过影响职业从而影响幸福感的，而不是我们想当然地通过影响收入来进行的，尽管职业相应地也会影响收入，但如果控制职业变量则教育的影响是非常微弱的。[①] 郑雪、严标宾等（2004）研究发现随着人们受教育水平的提高，其对自身的关注重点也逐渐由注重外在形象转为更加关注自身素质的提高，大量研究证实了关注内在更有利于幸福感的提升。[②]

另一种观点否认受教育程度与幸福感之间存在因果关系，认为教育对幸福感即使有影响也是由于其他相关因素共同作用的结果。崔丽娟（1995）对上海市老年人进行的调查也表明，文化程度并不是影响老年人生活满意度的重要因素。[③]

由于新疆少数民族城镇居民要在自己的母语之外学习汉语，汉语水平的参差不齐会影响少数民族升学率，少数民族由于受到汉语水平的制约，高中毕业之后大多选择去职业技术学院，加上职业院校毕业后就业率较高，综合多方面因素考虑，少数民族城镇居民的受教育程度多在大学专科程度，而在这一程度文化水平的少数民族也能通过自己的努力找到合适的工作，对目前的生活也还是比较满意的，所以幸福感也比较强。

五 家庭人数是新疆少数民族城镇居民幸福感的重要因素

将收集到的样本按家庭人数分为 5 组，分别为一口人、

[①] Okun, M. A and Witter, R. A. Health and Subjective Well-being: A Meta-Analysis. *International Journal of Aging and Human Development*, 1984, vol. 19, pp. 111 – 132.
[②] 郑雪、严标宾等：《幸福心理学》[M]，暨南大学出版社，2004，第218页。
[③] 崔丽娟：《老年人夫妻关系及影响因素的研究》[J]，《心理学报》1995年第4期。

两口人、三口人、四口人、五口人及以上5组。由表6-5可见，进行单因素方差分析，5个组间有显著性差异（$P<0.01$）。其中家庭人数为三口人组的少数民族城镇居民幸福感得分显著高于其他组（$P<0.01$），五口人及以上组得分最低（$P<0.01$）。一口人组样本量为240人，两口人组样本量为290人，三口人组样本量为1093人，四口人组样本量为1066人，五口人及以上组样本量为795人。

表6-5 新疆少数民族城镇居民幸福感家庭人数差异分组比较

组别	项目	幸福感问卷总分	LSD	F值	P值
家庭人数	①一口人（$n=240$）	20.53±5.57			
	②两口人（$n=290$）	21.26±5.71	①/⑤		
	③三口人（$n=1093$）	20.92±5.80	②/④ ②/⑤		
	④四口人（$n=1066$）	20.44±6.01	③/⑤		
	⑤五口人及以上（$n=795$）	18.62±6.19	④/⑤		
	总数（$n=3484$）	20.25±6.00		20.97	0.00

由数据分析可知，新疆少数民族城镇居民家庭人数为两口人的幸福感最强。通过访谈我们发现，古丽（24岁）是社区工作人员，她说现在刚刚结婚，对未来充满了希望，刚刚组建的两口之家，幸福而自由，双方都有稳定的工作，感情也很好，家庭和睦，目前也不需要太为将来操心，两个人的生活很自由，也很轻松，除了面对工作上偶尔的压力之外，还可以经常和双方的朋友出去聚会，感觉生活充满了乐趣。

而拥有三个孩子的热娜（48岁）在谈及幸不幸福时说，

现在孩子刚刚大学毕业，大儿子已经找到工作，可是二女儿和小儿子还在上大学，每个月家里都负担不轻，既要考虑他们的生活费，还要担心大儿子的结婚问题。孩子多了，小时候负担还不重，长大了，希望他们都要有出息，想把每个孩子都照顾好，再苦再难也要让他们多上些学，所以现在家里负担比较重，要花钱的地方很多，要操心的事情也很多。

由于处在不同的阶段面临的生活压力不同，家庭人数对幸福感产生了一定的影响，家庭人数为两口人时需要担心的问题较少，烦恼较少，对生活充满希望，幸福感较高；而家庭人数多的时候，家庭负担相对较大，压力较大，幸福感就比较低。

六 家庭月收入是新疆少数民族城镇居民幸福感的重要影响因素

将收集到的样本按家庭月收入分为7组，分别为800元及以下、801~1500元、1501~2500元、2501~3500元、3501~4500元、4501~5500元、5501元及以上7组。由表6-6可见，进行单因素方差分析，7个组间有显著性差异（$P<0.01$）。其中家庭月收入在3501~4500元组的城镇居民幸福感得分显著高于其他组（$P<0.01$），5501元及以上组得分最低（$P<0.01$）。800元及以下组样本量为653人、801~1500元组样本量为568人、1501~2500元组样本量为480人、2501~3500元组样本量为731人、3501~4500元组样本量为650人、4501~5500元组样本量为206人、5501元及以上组样

本量为196人，800元及以下组与其他组之间幸福感得分均有显著差异，具有统计学意义。

表6-6 新疆少数民族城镇居民幸福感家庭月收入差异分组比较

组别	项目	幸福感问卷总分	LSD	F值	P值
家庭月收入	①800元及以下($n=653$)	18.24±5.24			
	②801~1500元($n=568$)	19.15±5.89	①/② ①/③ ①/④ ①/⑤ ①/⑥ ①/⑦		
	③1501~2500元($n=480$)	19.59±5.62	②/④ ②/⑤ ②/⑥ ②/⑦		
	④2501~3500元($n=731$)	21.82±5.36	③/④ ③/⑤ ③/⑥ ③/⑦		
	⑤3501~4500元($n=650$)	22.77±5.70	④/⑤ ④/⑦		
	⑥4501~5500元($n=206$)	21.50±6.27	⑤/⑥ ⑤/⑦		
	⑦5501元及以上($n=196$)	16.26±7.04	⑥/⑦		
	总数($n=659$)	18.24±5.24		66.36	0.00

长久以来会有这样一个等量关系存在于大多数人的思维中：物质财富＝幸福，即认为财富就代表着幸福。然而，国外有大量文献研究证实"收入在经济不发达地区与幸福感之间存在显著正相关关系，但是当经济水平达到一定程度后收入对幸福感的影响便不再那么显著"。[①] 也就是说，在基本需求得到满足以前，收入每提高一点，都会使人感到更幸福一些。但是，在基本需求得到满足之后，收入带动幸福的效应开始呈递减态势。

---

① 李焰、赵君：《幸福感研究概述》[J]，《沈阳师范大学学报》（社科版）2004年第2期。

由表 6-6 可知，新疆少数民族城镇居民家庭月收入在 3501~4500 元的幸福感最强，而家庭月收入在 5501 元及以上的少数民族城镇居民幸福感却偏弱，此结果刚好印证迪纳提出的收入边际效应对幸福感的影响这一观点。同时越来越多的研究表明，收入对幸福感的影响力最大的时候是在人最需要钱的时候。即金钱是获得幸福的一种保障，却不是幸福的全部。

七　小结

新疆少数民族城镇居民幸福感受居住隶属地、家庭居住地、政治面貌、受教育程度、家庭人数、家庭月收入等变量的影响，在新疆，居住隶属地不同的城镇居民幸福感差异较大，最高分组昌吉州幸福感得分达 24.19±6.36，而最低分组和田地区幸福感得分仅为 15.46±4.86。这与新疆地域辽阔，民族众多，经济发展不均衡有关，为了新疆可持续发展，政府应该统筹兼顾，大力关注和田等地区的经济发展，关注民生民情，增强居民幸福感，全力推动新疆和谐稳定发展。

第二节　新疆少数民族城镇居民幸福感与生活满意度各维度影响因素之间的分析

一　经济发展是新疆少数民族城镇居民幸福感的重要影响因素

新疆少数民族城镇居民幸福感与满意度各维度的相关分

析及多元回归分析可知,经济发展与人情味是新疆少数民族城镇居民幸福感的重要影响因素。满意度经济发展这一维度主要通过三道题目来反映,包括对当地经济发展水平、物价水平、家庭经济收入的满意度。由前述分析可见,新疆少数民族城镇居民幸福感与满意度中的经济发展维度相关联。为深入研究这些关联的影响,本研究对幸福感与家庭经济的具体条目进行了进一步相关分析。以皮尔逊(Pearson)相关系数为依据,采用双尾检验,结果见表6-7。

表6-7 新疆少数民族城镇居民幸福感的经济发展影响因素分析

项目	经济发展方面	经济发展水平	物价水平	家庭经济收入
新疆少数民族城镇居民幸福感总分	0.245**	0.171**	0.196**	0.231**

注:*$P<0.05$,**$P<0.01$,***$P<0.001$。

由表显示:

新疆少数民族城镇居民幸福感在经济发展维度中各条目的相关系数大小,依次为:

经济发展是影响幸福感的最重要因素($r=0.245$,$P<0.01$)包括:家庭经济收入($r=0.231$,$P<0.01$)、物价水平($r=0.196$,$P<0.01$)、经济发展水平($r=0.171$,$P<0.01$)。

从整个社会的角度来说,社会生产力发展水平制约着人们生活质量所处的阶段,而经济发展水平又是社会生产力发展水平的重要标志。[①] 新疆地区经济发展落后,人均收入偏

---

① 孙鹃娟:《中国老年人生活质量研究》[M],知识产权出版社,2007,第17~19页。

低，加上新疆气候及地理环境恶劣，日常生活物资在新疆相对较缺乏，物价水平偏高，这一系列因素都导致新疆少数民族城镇居民幸福感偏弱。国家根据新疆的区情和经济发展现状，每年花大力气关注和支持新疆的发展和建设，种种少数民族惠民政策都能为少数民族地区居民的经济生活提供良好的经济保障环境，也为少数民族地区居民进一步提高生活质量带来了契机。

二 人情味是新疆少数民族城镇居民幸福感的重要因素

由前述分析可见，新疆少数民族城镇居民幸福感与满意度中的人情味维度相关联。人情味这一维度包括四道题目，分为对文明程度、邻里关系、人情味、人缘的满意度。为深入研究这些关联的影响，本研究对幸福感与人情味的具体条目进行了进一步相关分析。以皮尔逊（Pearson）相关系数为依据，采用双尾检验，结果见表 6-8。

表 6-8 新疆少数民族城镇居民幸福感的人情味影响因素分析

项目	人情味方面	文明程度	邻里关系	人情味	人缘
新疆少数民族城镇居民幸福感总分	0.232**	0.197**	0.207**	0.204**	0.130**

注：*$P<0.05$，**$P<0.01$，***$P<0.001$。

人情味是影响幸福感的另一个重要因素（$r=0.232$，$P<0.01$）包括：邻里关系（$r=0.207$，$P<0.01$）、人情味（$r=0.204$，$P<0.01$）、文明程度（$r=0.197$，$P<0.01$）、人缘

($r=0.130$，$P<0.01$)。

一个地区居民的幸福指数可以反映出一个地区居民的生活水平和对生活的满意程度，它彰显了这个地区居民基本的社会文明程度，也在一定程度上标志了社会的进步。文明程度的提高能推动社会的进步，社会的进步能提升居民生活的满意度，满意度提高了，相应的居民幸福感也就强了。

德希和瑞恩（DeCi and Ryan，1991）把人际关系视为幸福感的本质特征，其他一些心理学家也发现稳定的、满意的人际关系是跨越生活空间最活跃的因素，人际关系的质量和幸福感具有强烈的、普遍性的关联。[1] 邻里关系是居民生活中最普遍的关系，新疆各少数民族之间大杂居、小聚居，民族团结一家亲。良好的人际关系是幸福生活的一个标志。法国小说家雨果认为："生活中最大的幸福是坚信有人爱我们。"良好的人际关系有助于减轻生活的压力，而紧张的人际关系则会加剧病痛和苦难。[2] 人际关系和幸福感的研究表明，人际关系在幸福感中，发挥着举足轻重的作用。

人情味，是人与人之间真挚情感的自然流露，是一种给人以爱与关怀的奇妙感觉，是一种由内而外感染他人的个性魅力，是一股可以温暖人心的精神力量。赠人玫瑰，手有余香。人与人之间的和谐相处，真诚以待，使交往双方都愉快，融洽的人际关系，浓浓的友谊，是增强幸福感的一剂调料，

---

[1] Ryan, RM. & Deci, E. L. To Be Happy or To Be Self-Fulfilled: A Review of Research on Hedonic and Eudaimonic Well-being. *Annual Review of Psychology Annual Reviews*, 2000, Vol. 52.

[2] 苗元江：《影响幸福感的诸因素》[J]，《社会》2004 年第 4 期，第 20~23 页。

恰到好处，舒适宜人。良好的人缘也需要真心来打造，以心交心，才能收获信任度高的良好人缘。少数民族历来都是热情好客的，各民族之间应该谨遵"三个离不开"政策，搞好民族团结，各民族相亲相爱，共同为彼此的幸福努力。

综上可知，经济发展影响着新疆少数民族城镇居民幸福感，各地区经济发展不均衡，相应的各地区幸福感状态也不均衡，基本上经济发展较落后的地区，如南疆三地州，幸福感较全疆少数民族城镇居民幸福感弱。

经济虽然不是决定幸福感的全部因素，却是最重要的影响因素，当地的经济发展水平、物价水平、家庭经济收入是当地经济发展状况的重要指标，这三方面的总体状态达到平衡，当地的少数民族城镇居民对生活的满意度才能提高，幸福感才会增强。

还有一个影响幸福感的重要因素就是人情味，人的社会性决定人是群居动物，人与人之间的沟通与交流是我们生活中不可或缺的部分。当地的文明程度、邻里关系、人情味、人缘是反应当地人情味的重要内容，只有当地居民的文明程度提高，邻里关系融洽，互相体谅人情冷暖、人缘状态良好才能使当地少数民族城镇居民对生活感到满意，相应的幸福感也会增强。

第七章
少数民族城镇居民幸福感视角下和谐新疆的构建

在新疆维吾尔自治区这片辽阔的热土上,生活着维吾尔族、哈萨克族、蒙古族等13个世居少数民族,他们共同推动着新疆的发展,少数民族幸福感与构建和谐新疆相辅相成,密不可分,通过少数民族城镇居民的幸福感视角去探究和谐新疆的构建,既是以人为本的体现,又响应了党一切从群众出发的号召,本研究从人口统计学及生活满意度出发,发现影响新疆少数民族城镇居民幸福感的因素有居住隶属地、家庭居住地、政治面貌、受教育程度、家庭人数、家庭月收入、经济发展及人情味,结合这些影响因素,本章主要探讨少数民族幸福感与构建和谐新疆的关联性及如何从少数民族幸福感视角下来构建和谐新疆两方面的内容。

第一节　幸福感与和谐社会

在大多数国家,GDP作为一个容易操作和清晰的指标,被广泛采纳用于衡量社会繁荣和进步。传统的观念认为，GDP增长越多，这个国家和它的民众就越好。所有衡量指标的背后都是一套发展价值观，今天很多国家的GDP指标被过分强调，引致发展过程中的综合性失衡：说到底，一个国家的国民幸福才是发展的目标，而财富增长不能完全替代其他重要的发展要素。因而，在考量一个国家国民幸福与否时，越来越多的人建议将GDP请下神坛，很多学者提出的国民幸福总值（Gross National Happiness）与幸福指数等非刚性因素也开始进入人们考量的视野，并越来越为国际社会普遍接受。

在我国，GDP一直是衡量国家发展程度的指标，然而随着社会的发展我们应该看到追求经济的高速增长、社会的发展进步归根到底都只是增加公民幸福感的途径和方式，而公民幸福感的增加同样是经济增长、社会发展的最终目标。[①] 所以，考量一方政府政绩如何，要看有没有坚持"以人为本"，有没有坚持发展是为了人民，有没有让发展的阳光普照到普通民众，有没有把增强人民幸福感作为政绩考核的重要指标。发展经济是为了促进社会进步，社会的进步是为了维护个体的尊严和幸福。如果，离开了公民幸福感这个关键点，抛弃了人民利益这个主旋律，那么，社会的进步和发展都将是没有意义的。如果国民不幸福，还怎么奢望这个国家长治久安？群众利益无小事，公民幸福更是敏感话题，因此，和谐社会的发展进步，才处处透着增强公民幸福感的科学理念。

---

① 李彩霞：《提高国民幸福指数与构建和谐社会》[M]，《中共云南省委党校学报》，2009。

首先，增强公民幸福感是顺利建设和谐社会的必然需要。一个和谐的社会一定是一个稳定的社会，而不是长期处于矛盾突出、问题激化的状态；一个稳定的社会也必将能为人们获取幸福感提供最基本的环境保证。[①] 安定有序并不仅仅体现在表层上的安定团结，更关键的是关注到个体上，表现的是精神这一更高层次的和谐安定、是取得心灵在秩序上的和谐表达。和谐社会的基本要求就是：物质文明高度发达，精神文明遍地开花，二者在统一的基础上实现自我的快速发展。

其次，增强公民幸福感更好地实践了我国的社会理想。可以说，对幸福的渴求和向往，是我们人类一个既长久又远大的追求，也是对幸福生活的追求以及对社会福祉的向往，同样作为一个巨大的推动力，促进人类文明的进步和发展。经济的高速发展，是为了从根本上增强公民幸福感，提升"国民幸福指数"，更好地实现我国的社会理想，充分体现了社会主义核心价值观的指引作用。

总结来看，增强公民幸福感和构建和谐社会之间是辩证统一的关系，二者互相促进、互为补充、缺一不可。构建和谐社会是为了促进社会全面发展，根本目的是为了提高公民对社会的整体满意度，增强个体以及整个社会的幸福感。公民幸福感的增强意味着个体对社会整体的认可，只有社会中的大多数个体能感受到幸福，能够提高生活满意度，整个社

[①] 张意丽：《和谐社会视角下的民众幸福感研究》[M]，福建师范大学出版社，2010。

会的幸福感才会随之增强，也就成为了建设和谐社会的强大推动力。[1] 社会和谐了，公民的幸福感自然会得到增强和升华，公民对生活感到满意，处处感受到幸福，社会矛盾就会得到化解，和谐社会的建设目标和具体工作也就水到渠成、顺理成章。

第二节　少数民族幸福感与构建和谐新疆

一　少数民族幸福感是影响新疆和谐的重要因素

居民幸福感的体验和感受是和谐社会的直接标志和最直观体现，增强新疆少数民族城镇居民幸福感是推进新疆和谐社会顺利建设的内生动力和深层次取向。和谐新疆的构建是要让各民族群众能够在参与社会活动中获得愉快体验，能够在自己的家乡深切感受到幸福。因此，我们应该将少数民族城镇居民的幸福感纳入建设社会主义和谐新疆的指标体系，把居民幸不幸福，把居民的幸福感的多少作为新的政绩考量内容之一。

社会的进步已经表明，居民的"满意度、幸福感"才是各级政府工作成绩的试金石，新疆是少数民族聚居地，只有各民族满意了，"以人为本"才真正融入了自治区政府的执政方略。那么如何增强新疆少数民族城镇居民幸福感，提升新

---

[1]　黄天柱等：《浅析和谐社会的幸福理念》[M]，《河南社会科学》，2008。

疆的整体幸福指数，如何让少数民族城镇居民的满意度体现在社会的安定和谐上，对构建和谐新疆又提出了一个崭新而又具有挑战性的任务。

二 新疆社会的和谐是为了提高居民幸福感

努力让新疆少数民族城镇居民生活得更幸福，不断提高少数民族城镇居民对社会的满意度，避免发生尖锐的社会矛盾，为新疆的健康、自由发展创造一个和谐安定的社会环境。这是党中央针对构建和谐新疆提出的社会理念，以提高新疆少数民族城镇居民幸福感为主要标志来衡量新疆科学发展的成效，用新疆少数民族城镇居民的满意度来衡量和谐新疆的建设，这也彰显了一种与建设和谐社会这一重大战略相适应、并与时代相同步的执政理念。

居民幸福感是在一定的社会范围内，用恰当的指标和衡量手段去评价，以求反映出一个国家或地区的居民生活水平和其对生活满意程度的重要标尺，它彰显了这个国家或地区的居民基本的社会文明程度，也在一定程度上标志了社会的进步。[1]新疆少数民族城镇居民幸福感主要通过一系列的幸福感评价指标具体体现，居民幸福感的多少和强烈程度，在很大程度上依赖于新疆各地区社会发展的和谐程度。新疆有其独特的民族构成，各地州经济发展不均衡，应针对各地州区情民情，制定出合理的幸福评价指标体系。

---

[1] 邢占军：《幸福指数的含义不仅仅是幸福感》[J]，《中国产经新闻》。

三　少数民族幸福感与构建和谐新疆是辩证统一的关系

从个体角度来讲，对幸福感的界定其实更注重主观的感受和生活的体验，而不在于一个人拥有多少物质财富和生活在什么样的环境，不同时期、不同年龄、不同环境的个体对幸福的判定都不一样，学术上比较通行的理论认为，幸福感是人们对目前生活状况的满意程度。主体对自己日常生活是否满意以及满意的程度是怎么样的、幸福的体验是一种积极向上的感观意识，我们完全能够将其理解为主体的满意程度，感知快乐的能力和体现价值意识能动的有机内在统一。① 但是幸福感又因人而异，每个人的幸福观不同，每个民族对幸福感的认知不同，每个地区的幸福感也不尽相同。由于个体在对幸福感的判定上又会有显著的差别，不同的人对幸福的理解和体验也会不同。

把个体的幸福感放到社会这个整体系统来看，② 一个社会中众多个体会拥有怎样的幸福感，往往就是这个社会的整体幸福取向，整体幸福感的强烈程度，关乎着社会是否真正达到和谐安定的状态。如果个体依赖于畸形的幸福感，那么个体会对社会产生偏见，进而在追求幸福感时会违背社会整体价值取向，甚至仇恨社会，产生较为激烈的社会问题。健康的幸福观就是身心健康、有符合社会整体价值观的目标，然

---

① 王新:《论人格与幸福》[J],《烟台大学学报》（哲学社会科学版），2009。
② 李彩霞:《提高国民幸福指数与构建和谐社会》[M],《中共云南省委党校学报》，2009。

后凭借辛勤劳动来获取满足生存的衣食住行等基本条件，在实现自我，展示自我，充分挖掘自身的潜力的过程中，发挥个体自身的创造力达到自己所追求的目标；在这个过程中，能够保持人际和谐、家庭和美，朋友众多、与邻居和同事关系融洽；能够在追求自身幸福和目标的同时，对他人也可以真诚奉献，为了集体和他人的利益而牺牲自己的利益。①

辩证来看，社会安定、各民族团结、生活稳定是和谐新疆所必然包括的要素，也是影响人们幸福程度的重要因素，所以说，新疆社会的和谐，最终目标就是要改善人民的生活质量，增强各民族居民的幸福感。因此来说，开展少数民族城镇居民幸福感的研究可以为构建和谐新疆提供理论和现实的指导。与此同时，我们必须要认识到，研究新疆少数民族城镇居民的幸福感，绝不是单纯追求幸福指数的无限增长，而是通过对人们的目标、期望、安全感、健康水平、收入、生活水平和人际关系以及对工作满意度指标的调查等，综合计算出一个人，一个地区居民的满意程度，从中可以从一个侧面反映社会和谐程度的高低，及时调整政策导向，促进新疆向着增强居民幸福感的最终目标发展。

一个明显的事实，新疆作为民族区域自治地区，新疆少数民族幸福感正成为准确显现和谐新疆成效与否的"晴雨表"。社会中，新疆少数民族城镇居民幸福感到底包含哪些方面的内容呢？在查阅了相关资料和进行实地调查后本研究

---

① 张艳玲：《幸福感及其与构建和谐社会的关系》[D]，《曲阜师范大学》，2012，第4页。

发现，至少应该具有以下几个方面：首先，是少数民族居民对当今社会制度的认可程度，以及对物质生活和精神生活在总体上的满意程度；其次，是居民对自我实现和成就潜能价值的渴望；最后，是居民对目前生活状态的自我判定和满足。

四 小结

总结来看，提高新疆少数民族城镇居民幸福感和构建和谐新疆之间是辩证统一的关系，二者相辅相成、互相促进、互为补充、缺一不可。构建和谐新疆是为了促进新疆社会的全面发展，根本目的是为了提高新疆各民族城镇居民对社会的整体满意度，增强个体以及整个社会的幸福感。居民幸福感的提升意味着个体对社会整体的认可，只有社会中大多数个体能感受到幸福，能够提升生活满意度，整个社会的幸福感才会随之增强，也就成为了建设和谐社会的强大推动力。[①]社会和谐了，居民的幸福感自然会得到提高和升华，居民普遍感到幸福，社会矛盾就会得到化解，和谐社会的建设目标和具体工作也就水到渠成、顺理成章。

第三节 少数民族幸福感视角下和谐新疆的构建

和谐社会建设与和谐新疆建设是整体与局部的辩证统一

---

① 黄天柱等：《浅析和谐社会的幸福理念》[M]，《河南社会科学》，2008。

关系。和谐社会不仅仅是要社会的各个方面、各个层次、各个民族之间都和谐发展，最重要的是使人民幸福，然后使之构成一个统一体促成整个社会的和谐发展。我们要在立足整体，统筹全局，构建社会主义和谐社会的基础上，高度重视局部对整体的影响，加强和谐新疆的构建。新疆是中华民族版图上不可或缺的一部分，是整个社会的重要组成部分，新疆的变化发展直接影响整个社会的发展乃至进程，因此新疆的和谐，新疆少数民族城镇居民的幸福至关重要。本节立足于新疆少数民族城镇居民幸福感的视角，对构建和谐新疆提出几点对策。

一 加强教育，引导少数民族城镇居民树立健康向上的幸福观

迪纳（Diener，1997）认为："不能简单地把幸福感等同于身体的快感所产生的快乐。"幸福感反映着人的价值和目标的实现程度，涉及人生意义的追求，因为它的反映超越了生理快乐和瞬息情绪，它蕴含着深刻的价值观。积极健康的幸福观是产生幸福的基础，一个人的幸福观决定了个体的幸福从何而来，决定了个体如何对幸福感进行自我评定。因此，要想获得真正持久的幸福感，首先要树立一个健康向上的幸福观，健康幸福观不仅是人们通往幸福之路的"启明星"，更是收获幸福感的"引路人"。只有在健康向上的幸福观引导下，个体才能树立正确的生活态度，才能制定合理的生活目标，才能对自身幸福感有一个准确的定位和合理的追求，才

能在实现自我的过程中，努力创造美好生活，收获幸福、感受幸福。

各民族在其历史发展过程中创造和发展起来的具有本民族特点的文化，包括物质文化和精神文化。在社会主义社会里，民族文化是具有社会主义内容和民族形式的新文化。新疆少数民族中维吾尔族、回族、哈萨克族等均信奉伊斯兰教，他们的幸福观与宗教的价值理念紧紧相连。

宗教在不同的社会历史时期对精神文化方面起着不同的作用。新疆是多民族聚居地，总有不法分子借助邪教或非法宗教来迷惑无辜大众，离间党和群众关系，制造分裂行为，企图破坏新疆的和谐稳定。尤其是"7·5"等事件给我们敲响了警钟，我们应该积极采取有效措施，坚决打击任何破坏民族团结的分裂行为，从广大少数民族利益出发，紧密结合少数民族群众自身特点，尊重各民族的信仰自由，了解伊斯兰文化的价值理念，从源头上理解少数民族的幸福理念，一方面，采取多宣传、勤鼓励等多渠道方式引导少数民族树立正确的幸福观；另一方面，加大对少数民族的教育投入，提高其文化水平，使其树立正确的人生观、价值观、世界观，以此提高他们对幸福的全面认识和理解，使少数民族城镇居民树立健康向上的幸福观。

二　以人为本，切实解决好新疆少数民族城镇居民民生问题

生存需要是人类最基本的需要，当人们对衣食住行的基本需求都得不到满足时，他们不太可能感到幸福。在经济发

展较落后的新疆，经济对少数民族城镇居民的生存发展影响深远而又重大，对幸福感的影响也很明显。本研究的数据表明，新疆少数民族城镇居民的幸福生活与经济收入紧密相关，比如家庭月收入不仅是全疆少数民族城镇居民幸福感的重要影响因素，更是伊犁哈萨克族城镇居民幸福感的重要影响因素。全疆范围内，经济条件较落后的南疆三地州的少数民族城镇居民幸福感在全疆少数民族城镇居民幸福感中排名极其靠后。

我国现在仍处于社会主义初级阶段，新疆经济发展虽然迅速，可是仍然落后于内地，而在经济发展相对落后地区，经济收入对幸福感的影响至关重要。新疆少数民族城镇居民对经济收入越满意，幸福感就越强。而和谐新疆的实现，需要稳定的经济收入作为基础。生存需要的满足即物质最基本的满足是获得幸福的必要条件，离开必要的物质基础，生存无从保障，幸福就无从谈起，构建和谐新疆就无法着手。民生问题关系到千家万户，涉及普通百姓，包括衣食住行，关注民生，改善民生，是提高个体生活质量，增加生活满意度的重要措施，两者的增长带来的也是幸福感的增强和稳定。

（一）发展经济，缩小少数民族城镇居民收入差距

构建和谐新疆，增强少数民族城镇居民幸福感，首要还是大力发展经济，不仅要均衡发展各地州经济，还要平衡各民族的收入支出，缩小各民族、各地州少数民族的收入差距，不断提高少数民族生活水平，保障少数民族城镇居民应有的生活质量，提高其生活满意度。

其次，本研究还发现家庭居住地不仅是全疆少数民族城镇居民幸福感的影响因素，更是博尔塔拉蒙古自治州少数民族城镇居民幸福感的重要影响因素，其中在市区中居住的少数民族城镇居民幸福感普遍强于居住在市区以外的少数民族居民。由于新疆地区经济发展在城镇、城乡，中心城市与边缘城市之间存在较大差距，就使得不同居住地的少数民族城镇居民幸福感产生了差异。为了增强各民族、各地州少数民族城镇居民幸福感，提高全疆少数民族城镇居民幸福感总体水平，就要注意均衡发展各地州经济，尤其是在教育、卫生和公共事业服务方面建立城镇协调一致的各种制度，加快形成城镇相互促进、共同发展的体制，统筹推进少数民族聚居地方的新区和老区、兵团地区的团场城镇和中心连队建设。

（二）重视教育，加大对少数民族高素质人才的培养力度

少数民族地区经济发展落后，一个重要的制约因素就是人才结构不合理，高素质人才极其匮乏。高素质人才是经济和社会发展的基础和保证，为居民提供同等的接受基础教育的机会，是保证国家劳动力素质和经济可持续发展的最重要基础。发展经济是与人的发展相结合的，经济是人的经济，人是经济活动的主体，大量现代化的资金运作与技术都需要与之相适应的人才进行操作，少数民族地区要发展首先就需要与发展经济相适应的人才。

本研究数据表明受教育程度对全疆少数民族城镇居民幸福感影响很大，尤其是对昌吉回族自治州、巴音郭楞蒙古自治州少数民族城镇居民的幸福感影响深远，研究还表明受教育程度较高的少数民族城镇居民，幸福感相对较强。在少数民族地区，加大对少数民族城镇居民教育的关注及投入是各级政府义不容辞的责任。

提高国家和地方各级政府财政性教育支出在少数民族地区教育投入中的比例，是增加民族地区教育经费总量的基本途径。少数民族地区由于历史与现实的原因，经济发展的不平衡性，导致少数民族人口整体受教育程度低，所以要想提高少数民族地区居民生活质量、发展经济，首先要解决的就是教育问题。在少数民族地区，除了要加强人才发展战略，普及中小学教育，更要注重培养各民族的高素质人才。这样才能保证经济可持续发展的人才储备，提高民族的整体素质，促进民族间平等。

最重要的是国家要不断加大对少数民族教育经费的支持力度。目前在少数民族地区经济还十分困难的情况下，更需要国家对少数民族地区加大支持力度，不仅要通过转移支付、专项资金、生活补助、对口支援等措施，切实加大对少数民族教育的投入，还可以在政策上积极支持各种社会力量投资办学。[1] 以各级地区政府办学为主，多渠道办学，鼓励、支持社会力量和多种形式办学，积极探讨市场参与等多种途径，扩大市场准入，从社会吸纳教育资源供给，为教育投入增加更多的来源。

---

[1] 金东海、仁爱兰：《少数民族地区教育经费投入不足问题及对策研究》[J]，《西北师大学报》（社会科学版）2002年第6期，第17~21页。

（三）立足民生，抓好少数民族城镇居民就业增收工作

就业是民生之本、收入之源、稳定之基，解决好就业增收问题是当前提高少数民族城镇居民生活水平的当务之急，这在一定意义上将比 GDP 增长更为重要。要积极响应少数民族群众的期盼，解决好"囊坑有了，馕从哪里来"的问题，让少数民族城镇居民过上好日子，实现真幸福。要因地制宜地发展农产品加工和特色优势产业，大力发展各类服务业，着力创造就业岗位、拓宽就业渠道，转变职工群众的生产生活方式。尤其是在研究巴音郭楞蒙古自治州少数民族城镇居民幸福感中发现职业是影响其幸福感的重要因素，不同的职业带给人不同的社会分工，使人拥有不同的社会地位，进而帮助其实现不同的社会目标。就业选择是人生的重要选择之一，妥善解决新疆少数民族城镇居民的就业问题，不仅对新疆经济发展百利而无一害，而且是为和谐新疆的构建埋下了安定的种子。

研究发现，失业和下岗的少数民族城镇居民幸福感最弱，这说明失业是影响幸福水平的一个至关重要因素，失业会极大地降低人们的幸福水平。失业者不仅缺乏收入来源，其相对收入水平远远低于社会平均水平，而且失业对失业者而言是一件极不光彩的事情，失业者更高层次的需求——受尊重和自我实现的需求都受到了极大的伤害。所以，失业者的幸福水平一般都比较低。

另外，新疆地区区域经济发展不平衡，使人力资源主要流向较发达地区，流向的单一性也加剧了区域结构性失

业的产生。为了降低少数民族地区失业率，减少失业人口，提高整个社会的平均幸福水平，一方面，政府要通过宏观调控努力发展经济，调整经济结构，提高我国经济发展对劳动力的需求和吸收能力；另一方面，要加大对少数民族地区基础教育及职业技术培训和高等教育的投资，根据地区经济发展的需求调整人力资源发展计划。同时，需要不断完善包括失业保险在内的社会保障体系，保障和改善失业下岗人员的基本生活，从而最大限度地提高他们的幸福水平。

三　强化建设，进一步完善少数民族地区社会保障体系

本研究的数据表明，南疆三地州少数民族城镇居民的幸福感要明显弱于北疆少数民族城镇居民的幸福感。这说明新疆少数民族城镇居民的幸福生活与社会保障和收入分配政策紧密相连，这种幸福生活主要体现在柴米油盐的普通日子，体现在拥有能够安身立命的居所，体现在享有基本的医疗条件，体现在孩子能够享受基本的教育，体现在有一个谋生的职业等方面。

因此，在社会保障体系上，新疆政府应该进一步加强少数民族城镇居民在住房、医疗、教育等方面的社会保障建设，充分保障少数民族城镇居民的教育权利，在义务教育领域逐步实现免费教育；充分保障少数民族城镇居民的医疗和公共卫生受益的权利，使他们有能力支付医疗费用，平等获得健康服务的机会；国家承担起农村义务教育的责任，免

除农民在义务教育上的经济负担。就能够保证几乎所有的农村青少年接受相关教育，使他们将来无论是在农村还是在城市都能够以自己掌握的知识和技能得到比较好的工作岗位和获得比较高的收入，就能够使广大农民逐步摆脱贫困而走向富裕。充分保障少数民族城镇居民的可支付住房权，政府在控制住房价格和改善住房基本条件方面，应代表广大人民群众的利益，急群众之所急，想群众之所想，一切从群众利益出发。另外，政府的长期公共政策导向，不仅要追求经济的增长，同时还必须满足少数民族城镇居民的就业需求。

在少数民族地区，最重要的是大力宣传普及人口与计划生育、卫生、疾病预防知识，倡导科学、文明、健康的生活方式。建立健全计划生育综合服务体系，建立少数民族地区计划生育家庭奖励扶助制度，引导和鼓励少数民族群众依法实行计划生育和优生优育。

研究发现家庭人数成为影响全疆少数民族城镇居民幸福感的重要因素，尤其是对昌吉回族自治州、伊犁哈萨克自治州的柯尔克孜族城镇居民的幸福感产生重要影响，少数民族家庭人数为五口及以上的少数民族城镇居民幸福感最低。家庭内孩子众多，每个孩子得到的关照会下降，不仅孩子们的教育支出会加重家庭负担，而且家长对每一个孩子的培养也不能全身心投入，这些都会降低家庭成员的幸福感。因而，少数民族城镇居民要想提升幸福感，应该积极响应国家计划生育号召，少生、优生、优教。

四 丰富文化，提升少数民族城镇居民精神文化水平

各民族在其历史发展过程中创造和发展起来的具有本民族特点的文化，包括物质文化和精神文化。民族文化反映该民族的历史发展水平。在新疆少数民族聚居地，维吾尔族、哈萨克族等民族均信仰伊斯兰教，伊斯兰文化对新疆少数民族的价值观念影响深远。而宗教是一支强有力的能动力量，它有着不可取代的社会心理调节功能，能满足社会心理需要。正如英国杰出的人类学家费雷泽所指出的那样，宗教是对人们相信能够指挥或控制自然过程和人类生活的一种超人力量的劝解或抚慰。了解伊斯兰文化的核心理念，能更好地找到新疆少数民族城镇居民幸福感的根源。从文化陶冶的角度来说，研究清楚伊斯兰文化中的幸福理念，才能找到新疆少数民族城镇居民幸福感的渊源，才能找出合理方式，丰富少数民族文化，提升其精神文化水平。

除了从伊斯兰文化的角度来探究少数民族城镇居民的精神文化外，各地州还应积极开展形式多样的文化活动，丰富少数民族城镇居民的文化生活，从多渠道打造具有少数民族特色的文化活动。调查结果中发现文化娱乐是影响昌吉回族自治州少数民族幸福感的重要因素，这提示各地州政府及相关部门应重视少数民族的文化娱乐生活，不仅要增加少数民族城镇居民文化娱乐方式，还要增加配置少数民族城镇居民文化娱乐设施、更要增加少数民族文化娱乐活动频率，鼓励各民族城镇居民积极参与到各项文化娱乐活动中去，通过丰

富多彩的文化活动来感受多姿多彩的生活，提升少数民族精神文化水平，提高少数民族的生活满意度，增强少数民族城镇居民的幸福感。

五 促进团结，奠定和谐新疆良好的人际关系

和谐的人际关系是幸福生活的重要保障。耐兹勒克（Nezlek）对相当数量的研究进行分析后认为，人际相互作用的数量并不能预测幸福感，而人际关系的质量则可以。卡斯坦森（Carstensen，1998）也得出了同样的结论，他的研究发现，拥有亲密或高品质关系的人具有较高的幸福感水平。[1] 本研究发现，少数民族地区人际关系是影响新疆少数民族城镇居民幸福感的重要因素，一个地区人情味的浓厚与否与该地区少数民族城镇居民幸福感息息相关。尤其对于兵团地区的少数民族城镇居民来说，良好的人际关系是团场经济发展的主要动力。要构建良好的人际关系，不仅要注重各民族间的民族团结，更要加强少数民族城镇居民家庭内部成员的和谐。

新疆是少数民族自治地区，在新疆各地州扎实抓好以马克思主义民族观、党和国家的民族政策为重点的民族团结教育工作，培养新疆各民族群众的团结意识，提高新疆各民族群众维护祖国统一、民族团结、反对分裂的自觉性，增强各民族的向心力和凝聚力，是关系中华民族伟大复兴的战略任

---

[1] 苗元江：《影响幸福感的诸因素》[J]，《社会》2004年第4期，第20~23页。

务，是巩固和发展"平等、团结、互助、和谐"的社会主义民族关系，更是维护社会稳定和国家统一的必然要求。紧抓新疆地区民族团结工作，构建新疆地区和谐稳定的发展，是提升新疆少数民族城镇居民幸福感的最有效保证。

幸福感是个人主观对生活满意度最直接的体验，除了要搞好各民族之间的团结工作，还应注重少数民族个人的人际关系发展。由于个人承担着不同的社会角色，良好的人际关系在个人生活的方方面面的作用尤为重要。比如在邻里关系中，大家互助互爱，互相体谅，友好相处，良好和谐的邻里关系不仅能带给彼此亲切感，拉近大家的距离，在增强自身幸福感体验的同时，更能和邻居、朋友一起享受幸福。个人与家庭其他成员的关系不容忽视，亲人之间要互敬互爱，良好的家庭关系，温馨的家庭氛围，不仅能提高家人的幸福感，更能帮助家庭成员获得更多的幸福生活。

民族关系、邻里关系、家庭关系的融洽发展，是少数民族城镇居民人际关系发展的助推力。人具有社会属性，个人人际关系的和谐与否关乎社会关系的和谐，少数民族城镇居民良好的人际关系也是新疆和谐稳定的保障。建立良好的人际关系，促进各民族大团结，是增强新疆少数民族城镇居民幸福感的有效途径，更是构建和谐新疆的重要基础。

新疆位于中国西北边陲的特殊省区，物质生活水平和中东部发达省区还存在相当大的差距，少数民族占新疆总人口的比例很高，在某种程度上来说，少数民族城镇居民的生活水平得以提高，是维持新疆长治久安，构建和谐新疆的基础。

因此，唯有大力发展生产力才能改善少数民族城镇居民的生活条件，居民的生存和发展需要才能得到满足，幸福感才能得到增强，才能在相互促进中完成构建和谐新疆的任务。

第四节　研究创新与贡献

研究者结合奚恺元老师已有的研究，在深度访谈的基础上编制《新疆少数民族城镇居民生活满意度问卷》，构建了少数民族城镇居民幸福感的理论分析框架，建立了一个综合指数来反映少数民族城镇居民的幸福感，进而弥补幸福感在少数民族城镇居民研究领域的不足。

第五节　研究中的不足与改进

本研究对新疆少数民族城镇居民幸福感现状影响因素作了相应的研究，由于研究时间有限，考虑多种原因，分析时没有选取相应比例的汉族城镇居民做对照进行深入分析，是本研究的设计缺陷。对新疆少数民族城镇居民幸福感的因素探析及多因素交叉影响分析的研究还不够系统和深入。对新疆多元文化及宗教背景下少数民族城镇居民幸福感的研究有所欠缺。

参考文献

中文参考文献

［1］程国栋、徐中民、徐进祥：《建立中国国民幸福生活核算体系的构想》［J］，《地理学报》2005年第60（6）期。

［2］新疆维吾尔自治区人民政府《新疆概况》，http：//www.xinjiang.gov.cn/。

［3］《新疆的发展与进步白皮书》，《国务院新闻办公室·北京》，http：//www.yarp.net.cn，2009年10月29日。

［4］《新疆城镇居民人均可支配收入与全国比较》，2012，《新疆调查年鉴》。

［5］邱林：《主观幸福感及其与大三人格的关系》［D］，华南师范大学硕士论文，2003。

［6］周辅成主编《西方伦理学名著选辑》（上卷）［M］，商务印书馆，1987。

［7］苗力田：《古希腊哲学》［M］，中国人民大学出版社，1989。

［8］费尔巴哈：《著作选读上卷》［M］。

[9] 《西方伦理学名著下卷》，转引自冯俊科《西方幸福论》[M]，吉林人民出版社，1992。

[10] 《亚里士多德政治学》，转引自冯俊科《西方幸福论》[M]，吉林人民出版社，1992。

[11] 尼各马可：《伦理学》[M]，商务印书馆，2009。

[12] 包尔生：《伦理学体系》[M]，北京：中国社会科学出版社，1986。

[13] 赵汀阳：《论可能生活》[M]，生活·读书·新知三联书店，1994。

[14] 马斯洛：《动机与人格》[M]北京：华夏出版社，1987。

[15] 车文博：《西方心理学史》[M]，杭州：浙江教育出版社，1998。

[16] 吴明霞：《30年来西方关于SWB的理论发展》[J]，《心理学动态》2000年第8（4）期。

[17] 何瑛：《重庆大学生SWB状况及其影响因素》[J]，《重庆师范学院学报》（哲社版）2000年第19期。

[18] 苗元江：《跨文化视野中的主观幸福感》[J]，《广东社会科学》2003年第1期。

[19] 邱林、郑雪、严标宾：《文化常模和目标调节理论：两种幸福文化观》[J]，《心理科学进展》2002年第10（3）期。

[20] 王洪明：《整合的调节—缓冲模型：一种新的主观幸福感理论》[J]，《中国心理卫生杂志》2003年第17（12）期。

［21］努尔曼·马贤伊布拉欣：《伊斯兰伦理学》［M］，北京：宗教文化出版社，2005。

［22］古兰经的引注形式：第二十章［123］～［124］

［23］温克勒：《论康德对"幸福论"论理学的批判》［J］，《天津大学学报》（哲社版）。

［24］陈有真：《学术界关于幸福感研究的述评》［J］，《天府新论》，2010。

［25］此段话引自 http：//www.wuxinews.com/news/newsfile/hdxx.htm。

［26］中国城市发展网：http：//www.chinacity.org.cn/csph/csph/48252.html。

［27］引于博雅旅游网：网址：http：//as.bytravel.cn/art/bdg/bdgmxfzszgdgj/。

［28］联合国公布幸福指数报告：《百度文库》。http：//www.wenku.baidu.com/view/d8901a4afe473368e21aa90.html。

［29］许淑莲：《成年人心理幸福感的年龄差异研究》［J］，《中国心理卫生杂》2003年第17（3）期。

［30］严标、郑雪、邱林：《中国大陆、香港和美国大学生主观幸福感比较》［J］，《心理学探新》2003年第23（2）期。

［31］胡洁、姬天舒、冯凤莲：《父母教养方式与大学生总体幸福感的相关研究》［J］，《健康心理学》2002年第10（1）期。

［32］余小芳、雷良忻：《民办高校学生主观幸福感与人格、

家庭功能关系研究》[J]，《中国学校卫生》2004 年第 25（3）期。

[33] 郑立新、陶广放：《儿童生活满意度影响因素的研究》[J]，《中国临床心理学杂志》2001 年第 9（2）期。

[34] 王极盛、丁新华：《初中生主观幸福感与应对方式的关系研究》[J]，《中国临床心理学杂志》2003 年第 11（2）期。

[35] 刘仁刚、龚耀先：《老年人主观幸福感及其影响因素的研究》[J]，《中国临床心理学杂志》2000 年第 8（2）期。

[36] 严标宾、郑雪，邱林：《广州大学生主观幸福感研究》[J]，《心理学探新》2001 年第 21（4）期。

[37] 梁渊：《农村高龄老人主观幸福感及其影响因素研究》[J]，《中国老年学杂志》2004 年第 24（2）期。

[38] 董灿华、沈雪芬：《浙江师范大学学生主观幸福感及其影响因素》[J]，《中国学校卫生》2005 年第 26（7）期。

[39] 张雯、郑日昌：《大学生主观幸福感及其影响因素》[J]，《中国心理卫生杂志》2004 年第 18（1）期。

[40] 吴丹伟、刘红艳：《大学生的主观幸福感与社会支持的相关研究》[J]，《河北科技大学学报》（社会科学版）2005 年第 5（3）期。

[41]《农村高龄老人主观幸福感及其影响因素研究》[J]，《中国老年学杂志》2004 年第 24（2）期。

[42] 吴明霞：《30 年来西方关于 SWB 的理论发展》[J]，《心理学动态》2000 年第 8（4）期。

[43] 于静华：《大学生主观幸福感研究综述》[J]，《哈尔滨学院学报》2005 年第 26（5）期。

[44] 唐洁、孟宪璋：《大中学生主观幸福感的比较研究》[J]，《中国临床心理学杂志》2002 年第 10（4）期。

[45] 佟月华：《大学生一般自我效能感、应对方式及主观幸福感的相关研究》[J]，《中国学校卫生》2004 年第 25（4）期。

[46] 余鹏、宿淑华、李丽：《大学生归因方式、自我效能感与主观幸福感的关系研究》[J]，《中国临床心理学杂志》2005 年第 13（1）期。

[47] 张爱萍：《维吾尔族大学生自我效能与幸福感相关性研究》[J]，《新疆大学学报》（哲学人文社会科学版）2012 年第 40（3）期。

[48] 谭春芳、邱显、清李焰：《初中生幸福感影响因素的研究》[J]，《中国心理卫生杂志》2004 年第 18（10）期。

[49] 杨海荣、石国兴：《初中生主观幸福感和心理健康及其相关因素研究》[J]，《中国健康心理学杂志》2004 年第 12（6）期。

[50] 杨海荣、石国兴：《初中生主观幸福感和心理健康及其相关因素研究》[J]，《中国健康心理学杂志》2004 年第 12（6）期。

[51] 王极盛、丁新华：《初中生主观幸福感与应对方式的关系研究》[J]，《中国临床心理学杂志》2003年第11(2)期。

[52] 陈红萍：《教师在提高学生学习主观幸福感中的作用》[J]，《中学教学参考》2012年第12期。

[53] 亚里士多德：《尼各马可伦理学》[M]，商务印书馆，2009。

[54]《2012年新疆统计年鉴》：《人口与就业》，http://www.xjtj.gov.cn/。

[55] 邢占军：《中国城市居民主观幸福感量表的编制》[J]，《香港社会科学学报》2002年第23期。

[56] 苗元江：《当代大学生幸福感调查研究》[J]，《青年探索》2007年第4期。

[57] 黄丽、姜乾金、任蔚红：《应对方式、社会支持与癌症病人心身症状的相关性研究》[J]，《中国心理卫生杂志》1996年第10(4)期。

[58] 张作记：《行为医学量表手册》第一版[M]，中华医学电子音像出版社，2005。

[59] 汪向东、王希林、马弘：《心理卫生评定量表手册》，《中国心理卫生杂志》，1999。

[60] 张爱萍：《维吾尔族大学生的幸福感研究》[M]，民族出版社，2012。

[61] 蒋璐：《大学生职业同一性及其与性格优点主观幸福感的关系研究》[D]，《湖南师范大学学报》，2011。

[62] 彭波：《大学生职业同一性量表的信效度检验》［J］，《社会心理科学》2012年第4（27）期。

[63] 吴明隆：《统计应用实务》［M］，北京：中国铁道出版社，2001。

[64] 袁丽丽：《大学生职业同一性的测量及干预研究》［D］，《南京师范大学学报》，2008。

[65] 新疆天山网：《新疆交通建设倾斜南疆三地州》，《新闻中心·经济新闻》，2013。

[66] 胡滨：《从回族文化特征透析回族居民的幸福感》［J］，《长江大学学报》（社会科学版）2012年第35（1）期。

[67] 各地、州、市、县（市）分民族人口数第，第三篇 人口与就业，《新疆统计年鉴》，2012。

[68] 摘自《巴音郭楞蒙古自治州人民政府网的人口和民族》，http://www.xjbz.gov.cn/bzgk/bagk.htm。

[69] 马戎：《民族与社会发展》［M］，民族出版社，2001。

[70] 张毅：《新疆的蒙古族人口发展的特点与思考》［J］，《新疆社会经济》1995年第6期。

[71] 各地、州、市、县（市）分民族人口数第106页，第三篇 人口与就业，《新疆统计年鉴》2012年。

[72] 苗元江：《影响幸福感的诸因素》［J］，《社会》2004年第4期。

[73] 张毅：《新疆柯尔克孜族的人口状况、问题及对策》［J］，《西北人口》1996年第63期。

[74] 焦国成：《中西方幸福观的比较》［M］，中国人民大学

出版社，1987。

[75] 冯俊科：《西方幸福论》[M]，吉林人民出版社，1992。

[76] 严标宾、郑雪：《主观幸福感研究综述》[J]，《自然辩证法通讯》2004年第2期。

[77] 李焰、赵君：《幸福感研究概述》[J]，《沈阳师范大学学报》（社科版）2004年第2期。

[78] 努尔曼·马贤 伊卜拉欣·马效智：《伊斯兰伦理学》[M]，宗教文化出版社，2005。

[79] 温克勒：《论康德对"幸福论"伦理学的批判》[J]，《天津大学学报》（哲社版）。

[80] 郑雪、严标宾等：《幸福心理学》[M]，暨南大学出版社，2004。

[81] 崔丽娟：《老年人夫妻关系及影响因素的研究》[J]，《心理学报》1995年第4期。

[82] 李焰、赵君：《幸福感研究概述》[J]，《沈阳师范大学学报》（社科版）2004年第2期。

[83] 孙鹃娟：《中国老年人生活质量研究》[M]，知识产权出版社，2007。

[84] 苗元江：《影响幸福感的诸因素》[J]，《社会》2004年第4期。

[85] 李彩霞：《提高国民幸福指数与构建和谐社会》[M]，《中共云南省委党校学报》，2009。

[86] 张意丽：《和谐社会视角下的民众幸福感研究》[M]，《福建师范大学学报》，2010。

［87］黄天柱等：《浅析和谐社会的幸福理念》［M］，《河南社会科学》，2008。

［88］邢占军：《幸福指数的含义不仅仅是幸福感》［J］，《中国产经新闻》。

［89］王新：《论人格与幸福》［J］，《烟台大学学报》（哲学社会科学版），2009。

［90］张艳玲：《幸福感及其与构建和谐社会的关系》［D］，《曲阜师范大学学报》，2012。

［91］黄天柱等：《浅析和谐社会的幸福理念》［M］，《河南社会科学》，2008。

［92］金东海、仁爱兰：《少数民族地区教育经费投入不足问题及对策研究》［J］，《西北师大学报》（社会科学版）2002年第6期。

英文参考文献

［1］Bradburn N. M., *The Structure of Psychological Well-being* ［J］, Chicago, Aldine, 1969.

［2］Andrews F. M., Withey S. B., *Social Indicators of Well-being: American' Perceptions of Life Quality* ［M］, New York: Plenum, 1976.

［3］Diener E., Subjective Well-being ［J］, *Psychological Bulletin*, 1984, 95 (3): 542 – 575.

［4］Waterman A. S., Two Conceptions of Happiness: Contrasts of Personal Expressiveness (eudemonia) and Hedonic

Enjoyment [J], *Journal of Personality and Social Psychology*, 1993, 64 (6): 78 – 91.

[5] Ryff C. D., Keyes C. L., The Structure of Psychological Well-being Revisited [J], *Journal of Personality and Social Psychology*, 1995, 69: 719 – 727.

[6] Keyes C. L. M., Social Well-being [J], *Social Psychology Quarterly*, 1998, 61: 121 – 140.

[7] Keyes C. L. M., Shapiro A. D. Social Well-being in the United States: A Descriptive Epidemiology [M], *How Healthy Are We? – A National Study of Well-being at Midlife*. Chicago: University of Chicago Press, 2004: 350 – 372.

[8] Diener E. D., Diener R. B., New Direction in Subjective Well-being Research: the Cutting Edge, *Indian Journal of Clinical Psychology*, 2000, 27 (1): 21 – 33.

[9] Andrews F. M., Withey S. B., *Social Indicators of Well-being: American Perceptions of Life Quality* [M], New York: Plenum, 1976.

[10] Tellegen A., Lykken D. T., Bouchand T J et al. Personality Similarity in Twin Reared Apart and Together [J], *Journal of Personality and Social Psychology*, 1988, 54 (6): 1031 – 1039.

[11] Butler A. C., Hokanson J. E., Flynn HA. A Comparison of Self-esteem Liability and Low Trait Self-esteem as Vulnerability Factors for Depression [J], *Journal of*

Personality and Social psychology, 1994, 66: 166 – 77.

[12] Kennon M. Sheldon, Tim kasser. Goals, Congruence, and Positive Well-being: New Empirical Support or Humanistic Theories [J], *The Journal of Humanistic Psychology*. Beverly Hills, 2001: 1 – 16.

[13] Marks, H. R. Kitayama, S. Heiman. Emotion and Culture: Empirical Studies of Mutual Infuence [R], Washington, DC: American Psychological Association, 1998: 89 – 130; Marks, H. R. Kitaayama, S. Heiman. Culture and Basic Psychological Principles [M], *Handbook of Basic Principles*. New York: Guiford, 1996: 857 – 913.

[14] Marks, H. R. Kitaayama, S. Heiman. Culture and Basic Psychological Principles [M], *Handbook of Basic Principles*. New York: Guiford, 1996: 857 – 913.

[15] Oishi S., Diener E., Lucas R. E., SUHE. Cross-cultural Variations in Predictors of Life Satisfaction: Perspectives from Needs and Values [R], *Pers. Social Psychol*, 1999: 98 – 90.

[16] Diener E., Lucas R., Explaining Differences in Societal Levels of Happiness: Relative Standards Need Fulfillment, Culture, and Evaluation Theory [J], *Journal of Happiness Studies*, 2000, 1: 41 – 78.

[17] Veenhoven. Is Happiness Relative [J], *Social Indictor Research*, 1991, 24: 1 – 34.

[18] Ryff C. D. , Singer B. Interpersonal Flourishing: A Positive Health Agenda for the New Millennium [J], *Journal of Personality and Social Psychology*, 2000, (4): 719 – 767.

[19] McCrae R. R. , Costa P. T. , Adding Liebe and Arbeit: The Full Five Factor Model and Well being [J], *Personality and Social Psychology Bulletin*, 1991, 17 (2): 227 – 232.

[20] Deneve, K. M. & Cooper. The Happy Personality: A Meta Analysis of Personality Traits and Subjective Well being [J], *Psychological Bulletin*, 1998, 124: 197 – 229.

[21] Rim Y. Happiness and Coping Styles [J], *Personality and Individual Difference*, 1993, 14: 617 – 618.

[22] Park, N. & Peterson, C. Character Strengths and Happiness Among Young Children: Content Analysis of Parental Descriptions. *Journal of Happiness Studies*, 2006, 7: 323 – 341.

[23] Peterson, C. Strengths of Character and Happiness: Introduction to Special Issue. *Journal of Happiness Studies*, 2006, 7: 289 – 291.

[24] Mroczke D. k. & Kolazr, C. M. The Effect of Age on Positive and Negative Affect: A Development Perspective on Happiness [J], *Journal and Social Psycholyy*, 1998, 75: 1333 – 1349.

[25] Stock W. A. Okun M. A. & Haring M. J. Age and Subjective Well-being: A Meta-analysis [J], *Evaluation Studies*:

Review Annual, 1983, 8: 279 – 302.

[26] A. Campbell. Subjective Measures of Well-being, *American Psychologist*, Vol. 31, 1976: 117 – 124.

[27] Okun, M. A. & Witter, R. A. Health and Subjective Well-being: A Meta-analysis. *International Journal of Aging and Human Development*, Vol. 19, 1984: 111 – 132.

[28] Ryan, RM. & Deci, E. L. To be Happy or to be Self-Fulfilled: A Review of Research on Hedonic and Eudaimonic Well-being. *Annual Review of Psychology Annual Reviews*, Vol. 52, 2000.

致　　谢

继《新疆维吾尔大学生幸福感研究》出版两年后，《少数民族城镇居民幸福感与构建和谐边疆》已落笔，这本专著是国家社科基金的研究成果，虽然经过5年的研究，但仍感有诸多的欠缺与不足。

幸福感是社会晴雨表，反映着民众的心理。新疆少数民族幸福感反映新疆少数民族的生活满意度、心理状态、社会心态、宗教信仰。新疆多元的文化、宗教信仰和民族文化相互交融，注定了新疆少数民族幸福感具有独特性。研究新疆少数民族幸福感的过程，是走近新疆少数民族、了解少数民族的过程，少数民族幸福感的状况反映着新疆各民族的心理状况、反映着各少数民族对幸福的理解和认知，同时反映着少数民族城镇居民所在地的社会发展状况，反映着区域文化、民族、宗教等对新疆少数民族幸福感的影响。

真诚的感谢专家们对新疆少数民族幸福感研究提出的宝贵意见和建议！感谢课题组全体成员的努力！

感谢我的家人支持，感谢我的儿子努力地管好自己，健康成长，我得以安心做研究！

感谢南疆四地州的朋友，感谢昌吉回族自治州、博州及巴州蒙古族自治州、伊犁哈萨克族自治州等各地的朋友和同人的真诚帮助，感谢他们给予的支持和帮助。新疆少数民族城镇居民幸福感的研究较为复杂和困难，研究在数据采集、访谈过程中得到了他们的大力支持，课题才能够顺利完成。

感谢库尔老师为课题研究所做的努力，感谢研究生刘敏、蒲成林、丁楠等同学在最特殊的艰难时期深入南疆开展调研，感谢研究生谢新雪、刘敏、张熊玲、王雅涵、冯跃红、蒲成林、王诗卉蓉、马谨在录入数据、分析数据等方面做出的努力。

感谢社会科学文献出版社给予我的支持和帮助，使拙作得以顺利出版。

幸福感的研究过程是我进一步认知幸福、触摸幸福、习得幸福、感悟幸福的过程，同时也引发了我去思考如何发挥在和谐新疆构建中人的和谐对新疆和谐的贡献！

图书在版编目(CIP)数据

少数民族城镇居民幸福感与构建和谐边疆/张爱萍著.
—北京：社会科学文献出版社，2014.12
（非传统安全与边疆治理丛书）
ISBN 978-7-5097-6381-0

Ⅰ.①少… Ⅱ.①张… Ⅲ.①少数民族 - 城镇 - 居民生活 - 幸福 - 研究 - 中国 ②边疆地区 - 社会主义建设模式 - 研究 - 中国 Ⅳ.①D669.3 ②D616

中国版本图书馆 CIP 数据核字（2014）第 193810 号

·非传统安全与边疆治理丛书·
少数民族城镇居民幸福感与构建和谐边疆

著　者／张爱萍

出 版 人／谢寿光
项目统筹／周　丽　王婧怡
责任编辑／王婧怡

出　版／社会科学文献出版社·经济与管理出版中心（010）59367226
　　　　　地址：北京市北三环中路甲29号院华龙大厦　邮编：100029
　　　　　网址：www.ssap.com.cn

发　行／市场营销中心（010）59367081　59367090
　　　　　读者服务中心（010）59367028

印　装／三河市尚艺印装有限公司

规　格／开　本：787mm×1092mm　1/16
　　　　　印　张：13.5　字　数：138千字

版　次／2014年12月第1版　2014年12月第1次印刷

书　号／ISBN 978-7-5097-6381-0

定　价／49.00元

本书如有破损、缺页、装订错误，请与本社读者服务中心联系更换

▲ 版权所有 翻印必究